AF578867

RAPPORT

SUR

L'EXPLORATION ARCHÉOLOGIQUE

DE

LA CILICIE ET DE LA PETITE-ARMÉNIE,

PENDANT LES ANNÉES 1852-1853,

PAR M. VICTOR LANGLOIS.

PARIS.

IMPRIMERIE IMPÉRIALE.

MDCCCLIV.

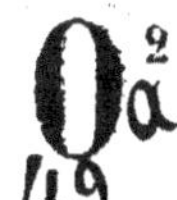

RAPPORT

SUR

L'EXPLORATION ARCHÉOLOGIQUE

DE

LA CILICIE ET DE LA PETITE-ARMÉNIE,

PENDANT LES ANNÉES 1852-1853,

PAR M. VICTOR LANGLOIS.

Monsieur le Ministre,

Par un arrêté du 7 mai 1852, Votre Excellence a bien voulu me charger de l'exploration de la Petite-Arménie, royaume fondé au moyen âge dans la partie de l'Asie Mineure connue sous le nom de *Cilicie*.

Dans un espace de huit mois, j'ai parcouru tous les points accessibles de cet ancien royaume chrétien, qui, par suite de la conquête musulmane sur les princes français de la maison de Lusignan, forma le pachalick d'Adana, et, pour partie seulement, ceux d'Itschil, de Konieh et de Marach.

Dans le cours de mes excursions, j'ai visité successivement les points historiques de la Petite-Arménie, et par un examen attentif, j'ai pu me mettre en mesure de décrire à Votre Excellence ce qui reste des villes et monuments des temps anciens.

Je commencerai par la Cilicie Trachée, et j'ajouterai à la suite de la notice, dont diverses cités feront le sujet, quelques-unes des inscriptions que j'ai découvertes [1], tant sur les restes des monuments anciens que sur des fragments de marbre ou de pierres épars dans les ruines.

Si plusieurs de ces inscriptions sont incomplètes, ce n'est pas

[1] M. Victor Langlois vient de publier le Recueil de toutes les inscriptions qu'il a découvertes pendant son voyage en Cilicie. — Paris, Leleux, 1854; in 4°.

seulement à l'action des siècles qu'il faut en attribuer la cause, mais encore aux musulmans, qui, lors de la conquête, et pour faire disparaître ce qui leur rappelait la domination étrangère, en martelèrent un assez grand nombre.

HOLMI. (Cheyr-Houran.)

Holmi est le nom ancien d'une ville située au bord de la mer, sur un golfe, et au sud de Sélefké. Ses décombres, qui couvrent le littoral et, jusqu'à certaine hauteur, le rocher sur lequel elle était construite, démontrent qu'elle avait une grande importance.

Les matériaux employés dans ses constructions consistent en blocs de marbre, les uns verts, les autres rouges, veinés de blanc. Quelques murs de maisons sont encore debout; mais il ne reste des édifices de cette ville antique que des débris amoncelés qui ne m'ont offert aucun vestige d'inscriptions.

C'est de la ville d'Holmi, suivant Strabon[1], que sortirent les premiers habitants de Sélefké, qui abandonnèrent leur cité pour venir s'établir dans la nouvelle ville fondée par Séleucus Nicator, sur les rives du Calycadnus, au commencement du Ier siècle avant l'ère chrétienne.

A une petite distance d'Holmi, dans la direction de l'est, et toujours sur les bords de la mer, on voit les ruines d'un monastère byzantin bâti sur un rocher. J'ai trouvé en cet endroit les restes de mosaïques qui pavaient ce monument, mais tellement divisés et disséminés sur le rivage, et jusque dans le ravin, que je n'ai pu me rendre compte des sujets qu'elles représentaient.

LE PROMONTOIRE SARPÉDON.

En avant du cap Cavalier et des ruines d'Holmi se trouve le cap Sarpédon, formé d'une sorte de marbre blanc dont les couches, partout horizontales, y sont infléchies et brisées de la manière la plus extraordinaire. Selon Strabon, il y avait en cet endroit un temple et un oracle de Diane Sarpédonie[2].

J'ai fait des recherches infructueuses le long du rivage, afin de découvrir quelques vestiges du fameux temple d'Apollon Sarpédonien, qui, selon Basile de Séleucie, occupait une jetée ou

[1] Liv. XIV, ch. V, § 5.

[2] Liv. XIV, ch. V. — Cf. aussi Raoul Rochette, *Histoire des colonies grecques*, t. II, p. 142.

langue étroite sur le bord de la mer : Ἐπιτειχίζει δὲ ἑαυτὴν τῷ δαίμονι, τῷ Σαρπηδόνι, τῷ καταλαβόντι μὲν τὴν ἐπὶ τὴν θαλάττης χελὴν[1].

SÉLEFKÉ ISKELESSI. (Échelle.)

L'Échelle de Sélefké n'est éloignée que d'une heure des ruines du monastère de Cheyr-Houran. C'est une petite bourgade composée de quelques maisons et magasins. Les habitants, grecs pour la plupart, chargent en cet endroit les grains de l'intérieur sur des bâtiments arabes qui transportent les marchandises à Alexandrette (Iskanderouna) et dans les autres ports de la Syrie.

J'ai remarqué sur ce point les ruines d'une petite chapelle byzantine, assise sur des rochers qui bordent la mer et au milieu desquels on voit quelques sarcophages creusés dans le roc. Ils ont été brisés, et ce n'est que difficilement que j'ai pu distinguer un reste d'inscription gravée sur l'un de ces sarcophages. Une voie romaine, dont on voit encore les traces, conduisait de Sélefké-Iskelessi à la ville de Séleucie, par Mériamlik.

Entre l'Échelle et Sélefké se trouvent les ruines d'un autre monastère byzantin d'une grande étendue, et placé, comme l'indique son nom, sous l'invocation de la vierge Marie (*Mériamlik, lieu de Marie*). Ce monastère couvrait tout un monticule. J'y ai compté cinq églises des VIIIe et IXe siècles, dont les débris jonchent le sol, et trois réservoirs où se jetaient les eaux qu'un aqueduc amenait des montagnes. Quelques arches de ce monument se voient des hauteurs qui dominent Sélefké.

Des nombreux sarcophages dont les débris étaient épars, un seul, caché sous d'épaisses broussailles, conservait encore la trace d'une inscription rappelant la mémoire de l'un des religieux du monastère.

SÉLEUCIE-TRACHÉE. (Sélefké.)

De l'ancienne Séleucie il ne reste que des décombres qui couvrent une certaine étendue de terrain à l'ouest de la ville actuelle, ce qui paraît démontrer que l'antique cité avait de l'importance.

Les ruines qui se voient à Sélefké accusent les trois époques, romaine, byzantine et arménienne; celles de l'époque romaine sont : le *Pœcile*, large escalier taillé dans le roc, que Strabon

[1] *In vita S. Thecl.* p. 275, D. — Cf. aussi Zozime.

décrit dans sa Géographie[1]. On aperçoit, à quelque distance de là et sur le Calycadnus, un pont de cinq arches qui donne accès à Sélefké. Ce pont, de construction romaine, est menacé d'une prochaine destruction.

Un aqueduc qui amenait les eaux de la montagne dans la ville et formait angle droit avec le pont, est complétement ruiné. Un autre aqueduc, destiné à amener les eaux de Mériamlik dans un grand réservoir entouré d'arcades et situé au centre de Sélefké, non loin du rocher de *Tékir-Hambar*, n'a pas plus que le premier échappé à la destruction; cependant quelques-unes de ses arches, encore debout, se voient dans la plaine à l'ouest de la ville.

Le réservoir entouré d'arcades dont je viens de parler a la forme d'un parallélogramme; on y descend par un escalier tournant de vingt-cinq marches.

Les monuments de l'époque byzantine consistent en une église dont la rotonde et quelques colonnes ne se sont pas encore affaissées. Cette église, qui peut donner une idée de l'importance de la ville au moyen âge, était primitivement un temple dont on voit encore çà et là, gisant sur le sol, les fragments de la frise qui était ornée de guirlandes que reliaient entre elles des génies ailés, tenant d'énormes grappes de raisin. Les chrétiens, lorsqu'ils changèrent la destination de ce temple, firent pratiquer dans l'hémicycle deux ouvertures séparées par une colonnette de marbre rouge semblable à celui qu'on trouve à Holmi et dans les environs.

A peu de distance de cet édifice est la nécropole appelée *Giawour-Sini* (cimetière des chrétiens); elle consiste en chambres sépulcrales et en sarcophages creusés dans le rocher. J'y ai copié un assez grand nombre d'inscriptions sur des sarcophages dont les ornements et le style révèlent l'époque chrétienne.

Une autre nécropole, peu éloignée de la précédente, m'a fourni des inscriptions de la même époque; elle est connue des habitants sous le nom de *Tékir Hambar*.

La ville de Sélefké, composée d'une soixantaine de cabanes, est bâtie en amphithéâtre au pied d'une montagne que couronne un vaste château entouré d'un double mur d'enceinte[2]. Deux dé-

[1] Liv. XIV, ch. v.

[2] Barbaro, *Viaggi* (ed. Venet. Ald., 1543; in-8°), p. 29 et v°. — Willebrand, *Itin.* p. 141.

bris d'inscriptions grecques m'ont donné l'assurance que cette forteresse était de construction byzantine.

Sur la porte d'entrée du château et dans l'intérieur, on voit deux inscriptions arméniennes [1], qui paraissent avoir été mutilées avec intention.

1re.

ՅԻՍՈՒՍ ՔՐԻՍՏՈՍ

ՈՅՈՂՈՐՄԵՍՑԻՍ

ՅԵՂ . . . . ԵՐ

✝ Ի ՀԱՅՈՑ ԵԺ . . . .

ԹՎ՟Ն | ՀԵԻ · · ԵԱՆԵՍ

ԵԳԱՏՈՒՆՔ . . . .

. . . . . . ՀԱՅՈՑ . . . .

. . . .

. . . .

Տ . . . ՍՓ . . . ԷԻՆ .

2e.

. . . .

Ի· ·ԱԳ . . . .

Ց · · · ՀԵԹ . . . .

. . . . ԵԱՆՈՐԴ . . . .

. . . . ԻՎԼԻՅԵԼ . . . .

ՈԼԻ·ՅՆ . . . . ԻՈՑ · ·

ՑԿԻԼԻ . . . . ՈՑ · ·ԵԼ · ԵՆ·

. . . . Լ . . . .

. . . .

Ces inscriptions sont une preuve de l'occupation de la forteresse par les Arméniens, qui durent en restaurer quelques parties après que les successeurs de Roupène Ier eurent étendu leur territoire à l'ouest de la Cilicie.

KALO-CORACÉSIUM. (Perschendé.)

Kalo ou Pseudo-Coracésium est une ancienne ville dont les ruines, belles encore, sont un indice de sa grandeur passée; elle était située sur les deux versants d'un rocher qui, en cet endroit, limite la mer et se divise en deux chaînes séparées par une ri-

[1] Cf. mon *Recueil d'Inscriptions de la Cilicie*, nos 170, 171. Paris, Leleux, 1854; in-4°.

vière. L'un de ces rochers vient aboutir à Sélefké, qu'une journée de marche sépare de ce point, et l'autre à Lamas. Cette première chaîne de rochers borde une belle plaine qui s'étend de sa base à la mer, et est coupée par des cours d'eau.

On voit à Kalo-Coracésium les débris d'un aqueduc romain de dix-sept arches et de plusieurs églises byzantines. Je n'ai trouvé sur ce point aucune inscription, ce qui me fait supposer que celle qu'a publiée l'amiral Beaufort, et que rapportent MM. Letronne et Bœckh, a été brisée par de récents éboulements.

Sur le bord de la mer et dans l'intérieur du rocher, on remarque des cuves larges, mais peu profondes, qui, sans doute, étaient les salines de la cité, aujourd'hui déserte, et dont les ronces et de hautes broussailles couvrent les restes.

TATLI-SOU.

Tatli-Sou (*eau douce*), ancienne étape romaine, est le nom donné à une source qui verse ses eaux dans un petit réservoir construit au bord de la mer, à trois heures environ de Kalo-Coracésium (Perschendé). On remarque sur ce point plusieurs puits comblés, sur lesquels passe le chemin qui conduit des ruines de Kalo-Coracésium à Gorighos, et une construction carrée, dont deux pans de muraille seulement sont debout. Il est permis de croire que là était un petit temple consacré à la divinité protectrice des eaux.

C'est dans les environs de ce point que se trouvait la fontaine de *Nus*, dont les eaux, selon Varron, avaient la singulière propriété de donner à ceux qui en buvaient un esprit plus fin et plus subtil [1].

CORYCUS. (Gorighos.)

Les ruines de cette ville antique sont à une journée et demie de marche et à l'est de Sélefké, sur le bord de la mer, dans une plaine rocailleuse entourée par des rochers qui se lient à la chaîne taurienne. Cette ville, grecque dans l'origine, puis romaine, occupe une large place dans les diverses phases de l'histoire de la Cilicie. De l'époque romaine, il reste un bain pratiqué dans le rocher qui borde la mer; une nécropole sans inscriptions, se

[1] Varron, *Ap. Plin.* XXXI, II, p. 548, 26.

composant de chambres sépulcrales aussi creusées dans le roc, et dans lesquelles on pénètre par une ouverture haute d'environ deux mètres; enfin les restes d'une route qui traversait la ville et conduisait à Pompeïopolis et à Tarsous.

La ville byzantine a dû se maintenir à la hauteur de la cité romaine, à en juger par les restes de plusieurs églises de l'époque grecque, d'un monastère et d'une vaste nécropole composée de chambres sépulcrales, et qui a été dévastée, comme toutes celles que j'ai visitées en Cilicie; néanmoins j'y ai trouvé des inscriptions assez bien conservées au milieu de beaucoup d'autres qui portent des traces de mutilation.

Sous la domination arménienne, les Thakavors de la Cilicie comprirent que Gorighos, placée aux extrémités de leur royaume, devait leur servir de rempart. Ils y firent construire deux châteaux forts, dont ils confièrent la garde à des princes de leur famille. De ces deux monuments, qui ont échappé à une complète destruction, l'un, le plus ancien, est bâti sur le rocher qui borde la mer et entouré d'une solide muraille; l'autre est situé sur un îlot, en face du premier et sur l'emplacement de la forteresse dans laquelle Archélaüs renfermait ses trésors [1]. Il est aussi entouré de bonnes murailles flanquées de tours. Cette forteresse était reliée au château de terre par un aqueduc qui y amenait les eaux de la ville de Gorighos et qui est aujourd'hui détruit; on voit seulement, près du château de terre, les fondations que les vagues de la mer minent et feront bientôt disparaître [2].

Sur la porte de la grande tour de ce château, j'ai copié deux inscriptions arméniennes, dont je donne ici le texte avec la traduction :

1°

✠ Ի թուա(կա)նիս Հայոց Չ ամին· և թմ. . . . .թիւն
Ի բարեպա(շտ) թագաւորին, Հեթմ. . . . .թաչգե
. . . . . .ամրոց. . . . . .սլթանին. .շինել. . . . .
. . . . . .մեծ իշխան Հեթմոյ որ. . . . .

Dans l'année des Arméniens 700. . . . .
Par le pieux roi Héthum. . . . .
. . . . .ce château princier a été construit. . . . .
. . . . .le grand Prince fils d'Héthum. . . . .

[1] Strabon, *Géog.* liv. XIV, ch. v.

[2] Cf. *Viaggi del S. Barbaro*, ed. Ald. Ven., p. 28 v° et 29.

L'année 700 de l'ère arménienne correspond à l'an 1251 de l'ère chrétienne, sous le règne d'Héthum Ier.

2°

✝ Ի ՈԼԷ, Քրիստոնէից ՌՄԶ և յԱդամ(այ)ք
ի յԱլէկսանդրու Թո: Եւ Հայոց.....ՃԿ...
ի..... Սելեւկեաց. ՌՀԸ..և.......ն........
..........պուրՃս շինեալ լեւոնի Թա(գ)աւորի......
.... մնգս...... որդոյն պարոնին...(ա)յլ և(ւ)...
....

Dans l'année 637 de l'ère arménienne; du Christ 1206...
D'Adam..... d'Alexandre..... des Arméniens 160.....
Et dans l'année 1078 de l'ère des Séleucides.....
Le roi Léon a bâti ce château.....
.....les fils du Baron......
....

L'année 1206 de Jésus-Christ correspond à la 25e année du règne de Léon II, qui gouverna l'Arménie de 1181 à 1219.

Au temps du voyage de Kennedy Bailie en Cilicie (1846), on voyait encore dans l'île de Corycus une inscription que ce voyageur a publiée dans son *Fasciculus inscript. græcarum.* (Dubl. 1846, in-4°, t. II, n° 115, *a*, p. 90-92.)

ΝΔ........................
ΑΥΤΟΚΡΑΤΩΡΚΑΙCΑΡΦΛ'.ЄΩΝ
ЄΥCЄΒΗCΝΙΚΗΤΗC......ΤΡΟΙ
CЄΒΑCΤΟCΑΥΓΟΥCΤΟC
ЄΝΔΟΞΟCΟCΙΩΤΑΤΟΚΤ
ΑΝΘΥΠΑΤΩΤЄΤΑΓΜЄΝ
ΣΤΗΤΟΡЄCΚ,ΟΙΚΗΤΟΡЄCΤΗCΑΥΤ
ΦΟΡΩΝΚ,ΦΛ'Λ'Ι'ЄΤЄΤΗCΗΙ..ΤЄ
ΓΑΛΗΝΟΤΗΤΟCΩΝЄΦЄ
ΚΟΝΤΑCΥΝΟΙΔΑΜЄΝ
ΤΟΥΤΟΘЄCΠΙΖΟΜЄΝΤ.Ι....ΚΑΠ
ЄΚΑΟΦΙΛΟΝΤΑΤΗΝΙΡΗ....ΠΟΛ
ΤΟΝΤΑΥΤΗCЄΦΟΡΟΝΜΙΘΡΑΔΑ...ΩCΚΑ
ΤΙΝΩΝΑΥΘЄΝΤΙΑΝΗC.ΟΥ...ΙΝC
ΤΟΥΤΩΠΡΟΧΙΡΙΖЄCΘЄΑΛΛ..Κ
ΦΩΚ,ΔΟΚΙΜΑCΙΑΤΟΥΓЄΝΟΥCΚ.....ΛΓ
ΘЄΟΦΙΛΤΑΥΤΗCЄΠΙΚ,ΟΙΚ
ΙΑΓΟΥ..ΛΗΡЄΥΚΙΩΝ
Ο.Κ,ΟΙΚΗΤΟΡCΙΝΙΤΑΛΩΝ

ΝΕϹΘΕΠΡΟΡΟΛ..ΜΗΔΕ
ΗϹΚΑΤΑΧΙΡΑΑΝΤΑΞΙΩϹΠ
ΟΥΜΕΝΩΝΩΔΑ.Ρ.......ΕΠ
.....ΩϹΕϹ...............
......ΕϹ................

ANTRE CORYCIEN.

Au nord de Gorighos, et après deux heures et demie d'une marche difficile à travers des rochers escarpés et couverts de ronces, de houx, de myrtes et de pins, on arrive à une profonde vallée par de hautes montagnes rocheuses. Sur un point de cette vallée, et à la base de deux rochers dont les sommets se joignent, se trouve une grotte naturelle d'où s'échappe une eau assez limpide.

Cette vallée est connue sous le nom de *Val des démons* (Cheïtanlik), allusion aux anciens habitants de l'antre, dont Strabon [1] et Pomponius Méla [2] nous ont parlé longuement.

Le safran, *κρόκος*, qui, peut-être, a donné son nom à Corycus, croît dans le Val des démons, où quelques malheureux Turkomans le récoltent pour le vendre à Selefké et à Tarsous.

ELÆUSA-SEBASTE. (Aïasch.)

De Corycus à Lamas, tout le rivage n'offre qu'une suite continuelle de ruines. Les habitants donnent le nom d'Aïasch à un assemblage de huttes entourées des ruines d'une ville qui a occupé une étendue considérable. Les plus remarquables sont celles d'un théâtre et d'un temple situé sur le penchant d'une colline; les colonnes sont d'ordre composite, cannelées et d'environ quatre pieds de diamètre. Les travaux entrepris pour la conduite et la conservation des eaux sont dignes de la grande époque qui présida à la construction des aqueducs de Sébaste, qui sont au nombre de trois, dont deux, traversant un vallon, sont soutenus par deux rangs d'arcades; le troisième a une longueur de plus de cinq milles.

La ville de Sébaste porta d'abord le nom d'*Elæusa*, et Oppien nous la représente comme une île quand il dit : « Écoutez d'abord

[1] *Géogr.* liv. XIV, ch. v.
[2] *De situ orbis*, liv. I, ch. XIII.

avec quelle adresse la pêche des *anthias* est faite par ceux qui habitent mon heureuse patrie, au delà du cap Sarpédon, soit la ville de Mercure, Corycée, célèbre par ses vaisseaux, soit l'île d'Elæusa [1]. » Toutefois, elle était devenue une presqu'île lorsque Étienne de Byzance écrivait [2]; maintenant elle forme une péninsule réunie au continent par un isthme fort bas.

La voie romaine qui, ainsi que je l'ai dit, allait de Séleucie à Tarsous, traversait Elæusa, où elle est encore en assez bon état. Si elle n'a pas été détruite, comme toutes celles que les Turcs ont parcourues sans les entretenir, c'est que ceux-ci ont abandonné cette direction pour suivre un chemin longeant les bords de la mer.

La plupart des sarcophages que j'ai vus dans cette ville sont revêtus de bas-reliefs, mais sans inscriptions. Trois des plus remarquables sont d'un bon travail, et ornés de guirlandes reliées entre elles, sur le premier, par des têtes de chèvre; sur un autre, par deux lions affrontés; enfin, sur le troisième, par deux génies et un aigle aux ailes éployées. On lit sur les sarcophages sans bas-reliefs diverses inscriptions.

Aucune des nombreuses ruines de cette antique cité ne paraît avoir appartenu à une église, et cependant il y a là des inscriptions chrétiennes.

A l'ouest des débris de Sébaste, et dans un champ cultivé, se trouve le tombeau d'un santon vénéré des Turkomans du pays; c'est un petit monument carré surmonté d'un toit conique, et sur la porte duquel on lit une inscription en deux lignes, qui fait connaître le nom du cheik, à qui ce monument est consacré.

KANNIDALI. (Ancienne ville ruinée.)

Sur l'un des nombreux rameaux de la chaîne taurienne, et à deux heures environ d'Aïasch, se trouve une ville en ruines comme celle-ci, et dont les débris couvrent tout un plateau de la montagne. Quelques Turkomans ont bâti, au milieu de ces décombres, un village qu'ils habitent et qu'ils nomment *Kannidali.*

[1] *Cyneget.* III, 8, 6.

[2] *De urb. voce* Σεβαστη.

Les ruines de cette antique cité appartiennent à deux âges distincts : époque romaine et époque byzantine.

Les plus anciens monuments qui remontent à l'époque romaine consistent en murailles d'enceinte, mausolées, chapiteaux détachés de leurs colonnes, sarcophages, et en un bas-relief sculpté sur un rocher situé dans l'intérieur d'une carrière que renferme la ville. Ce bas-relief représente six personnages, les uns assis, les autres debout, tous vêtus de longues robes flottantes; au-dessus d'eux est une inscription dont je n'ai pu tirer que quelques mots.

Les sarcophages, disséminés sur tous les points de la ville, mais en plus grand nombre au nord et à l'ouest, portent des inscriptions à peine lisibles.

Au milieu des décombres de cette ville, on remarque plusieurs églises grecques, dont deux offrent d'assez beaux restes, qui, par leur forme, semblent appartenir aux VIIIe et IXe siècles. L'une est située au nord et près de la carrière dont il est question plus haut; la seconde est au sud-ouest; enfin, trois autres, qui sont de moindre importance, sont situées au nord et au sud.

Les débris de cette vieille cité sont envahis par de hautes broussailles qui en rendent l'exploration difficile, et qui même en dérobent la vue au voyageur passant dans son voisinage.

ROUTE DE AÏASCH À LAMAS, PAR LE BORD DE LA MER.

AK-KALAH-AÏASCH.

Le château de ce nom a une grande étendue; il est de forme ovale et situé sur les bords de la mer; la route romaine d'Aïasch y conduit.

AK-KALAH-LAMAS.

Autre château moins étendu et, comme Ak-Kalah-Aïasch, situé sur le rivage de la mer et à petite distance de ce dernier. Ces deux monuments présentent l'image de la plus complète destruction.

ROUTE DE KANNIDALI À LAMAS, PAR LES MONTAGNES.

Une voie romaine pratiquée dans les rochers, et longeant un des chaînons du Taurus, conduisait, de la ville ruinée sur l'emplacement de laquelle se trouve Kannidali, à Lamas, autre ville antique. Une marche de quatre heures les sépare. On remarque sur cette voie les restes de ces tours d'observation citées par les auteurs byzantins, et d'où l'on faisait, au moyen de feux, des signaux qui se transmettaient à Constantinople. Cette télégraphie avait pour objet de faire connaître les incursions des barbares et de demander des secours.

A mi-chemin de Kannidali à Lamas, la route passe sous un arc en pierre de roche, peu élevé, d'un travail assez grossier, et dont l'attique est orné de plusieurs figures empruntées à la mythologie.

M. Guigniaut, membre de l'Institut, à qui j'ai montré le dessin de cet arc, y a reconnu les emblèmes particuliers aux Cabires de Samothrace, dont le culte s'était répandu en Asie Mineure et en Phénicie, après l'établissement des colonies grecques.

LAMAS.

Lamas n'est aujourd'hui qu'une médiocre bourgade, composée de quelques maisons bâties sur une petite éminence et à une demi-heure de la mer. De la ville antique, il ne reste qu'un aqueduc romain en partie conservé, reliant deux rochers, et qui amenait l'eau du Lamas-Tschaï à une forteresse située à l'ouest, et sur l'emplacement de laquelle les Grecs élevèrent un château dont les Arméniens prirent possession lors de la conquête.

Un château byzantin, qui était assis sur les bords de la mer, ne présente plus que des amas de décombres.

TÉFING-KALESSI. (Château du Fusil.)

A une heure de Lamas, au nord, et en suivant le cours du Lamas-Tschaï, qui serpente entre deux rochers, dont l'un, haut de plus de trois cents mètres, présente à sa base, et vers son sommet, des débris de constructions, on arrive à une courbe d'où les eaux s'écoulent en cascades.

En escaladant le rocher situé sur la rive gauche du torrent, on parvient à un petit tertre qui se trouve vers son centre; et de ce poste on aperçoit, fixés dans une cavité du rocher de la rive droite, à égale hauteur, et à la distance d'environ cinquante mètres, trois objets dont les traditions locales font un fusil et un sabre; de là les noms de *Tefing-Kalessi* ou *Dagh*, donnés à cet endroit. Il est difficile de s'expliquer comment il a été possible d'arriver à ce point élevé du rocher, qui a la forme d'un dôme coupé par son centre, sans aspérités ni branches d'arbustes propres à faciliter l'ascension, pour y loger des armes de guerre. Au moyen d'une excellente lunette et grâce à une attention soutenue, je crus reconnaître que ces prétendues armes n'étaient autre chose que le bois d'un arc paraissant orné d'incrustations d'ivoire et deux objets ayant la forme de flèches garnies de leurs pennes.

Dans l'impossibilité où j'étais de me fixer d'une manière certaine sur ce dépôt mystérieux, je tirai à balles sur le point du rocher où il était fixé, et touchai l'arc, qui, en se déplaçant, se montra distinctement et démasqua un quatrième objet qui me parut être la poignée d'une épée. Là durent se borner mes tentatives pour me procurer ce faisceau, et, comme un touriste anglais qui avait dépensé d'assez fortes sommes pour atteindre le même but, je renonçai à mon projet.

OLBA.

A l'est de Lamas, et à une heure de marche dans les rochers, non loin des rives du Lamas-Tschaï, je découvris des monceaux de pierres et autres matériaux en partie cachés par des broussailles, qui me prouvèrent que, sur ce point, une ville d'une grande étendue s'était élevée dans l'antiquité.

Sur un rocher assis au milieu de ces décombres, je vis deux signes gravés assez profondément ƧY et dont je ne reconnus pas d'abord la valeur; néanmoins je les dessinai très-exactement, espérant que plus tard, et par des recherches et des comparaisons, il me serait possible d'établir des rapports entre ces signes et d'autres représentations. En effet, à quelque temps de là, je me procurai une médaille de Polémon, toparque d'Olba; et sur cette médaille en cuivre, d'un beau module et bien conservée, je trouvai les deux signes que m'avait présentés le rocher. Ces rapprochements me démontrèrent que les ruines dont je viens de signaler l'existence étaient bien celles de la ville d'Olba, omise dans la carte de Kiepert et placée, dans celle des Mekhitharistes, au nord, entre Lamas et Sélefké, sur une montagne assez élevée.

Suivant Strabon, Olba était assise sur une chaîne de montagnes au-dessus de Soli et du fort Cyinda dont je parlerai tout à l'heure.

Cette indication manquant de précision, je pense qu'il conviendrait de marquer la place d'Olba sur la rive gauche du Lamas-Tschaï, là où sont les ruines dont je viens de parler, et le rocher où sont gravés les signes identiques à ceux de la médaille de Polémon, toparque d'Olba.

ROUTE DE LAMAS À POMPEÏOPOLIS.

En quittant Lamas et en se dirigeant à l'est, sans s'écarter du rivage, on arrive à un château (*Ak-Kalah*), d'une grande étendue.

Vient ensuite Erdemlou, village sans importance, bâti sur l'emplacement de *Calanthea*, et à peu de distance de la mer. On y voit les ruines d'un autre château dont les matériaux ont été employés dans les constructions du village. La rivière d'Erdemlou limitait à l'ouest les possessions égyptiennes, et Ibrahim-Pacha, qui les avait conquises, y fit construire une redoute dont il ne reste aujourd'hui que peu de chose.

Deux châteaux se trouvent dans la direction d'Erdemlou à Pompeïopolis : le premier est connu sous le nom d'*El-Bourbour-Arbasch*; l'autre, du nom de *Cheyr-Boghaz* (défilé de la ville), vient ensuite, et, comme le premier, ne présente que des ruines sans intérêt.

SOLI-POMPEÏOPOLIS. (Akmoun.)

Les auteurs ne sont pas d'accord sur la fondation de Soli, que les uns attribuent aux Rhodiens de Lindus, d'autres aux Achéens, divergences qui ne permettent pas d'en fixer l'époque; néanmoins, les médailles qu'on a de cette ville sont une preuve de son antiquité.

Pompée, qui restaura et embellit Soli en lui donnant son nom, l'assigna pour résidence aux pirates qu'il avait vaincus. Il l'entoura de fortes murailles, y fit creuser un port, et éleva des colonnes que reliaient entre elles des arcades, qui conduisaient des portes de la ville à ce port.

Un théâtre, des bains, divers édifices et les magnifiques colonnes du *dromos*, dont quarante-trois se dressent encore au milieu des ruines, témoignent de tout ce qu'a fait Pompée pour la splendeur de cette ville.

Je n'ai trouvé à Pompeïopolis qu'une seule inscription, que le voyageur anglais Bailie[1] a publiée dans son recueil et que j'ai donnée depuis dans la *Revue archéologique*[2].

ΕΠΙΑΛΕΞΑΝΔΡΟΥΤΟΥ
ΤΟΥΔΙΣΑΡΧΟΝΤΟΣ
ΟΥΠΗΡΕΤΗΣΚΑΙΓΡΑΜΜΑ
ΤΕΥΣΚΑΙΔΙΣΑΡΧΩΝΥΠΕΡΣΩ
ΤΗΡΙΑΣΤΟΥΟΙΚΟΥΑΥΤΟΥΘΥ..ΜΕ
ΝΟΣΕΠΟΙΗΣΕΤΟΝΘΡΟΝΟΝ...
ΤΩΚΟΦΙΝΩΚΑΙΤΑΙΣΑΝΑΒΑΘΡΑΙ..
ΤΑΙΣ...ΘΑΚΑΙΣΜΟΙ...ΕΚΤΩΝ[Ι]ΔΙΩΝ

Ἐπὶ Ἀλεξάνδρου τοῦ [δεῖνος], || τοῦ δὶς ἄρχοντος. || ὁ ὑπηρέτης καὶ γραμμα || τεὺς καὶ δὶς ἄρχων ὑπὲρ σω || τηρίας τοῦ οἴκου αὐτοῦ, θυ[ό]με|| νος ἐποίησε τὸν θρόνον [σὺν] || τῷ κοφίνῳ καὶ ταῖς ἀναβάθραι[ς] || ταῖς τε θάκαις μό[νος] ἐκ τῶν ἰδίων.

« Sous Alexandre, fils d'un tel, archonte pour la deuxième fois, l'appariteur et secrétaire, ayant été deux fois archonte, a fait faire seul, à ses frais, pour le salut de sa famille, ce siége, avec la tribune, les degrés et les....... »

Hors du mur d'enceinte et à l'est, on voit sur une petite éminence les restes d'un monument qui a dû être consacré au poëte Aratus. C'est une construction en poudingue dont un côté est resté debout, et qui entourait un sarcophage profané et renversé. J'ai dit, dans un autre travail[3], que j'avais vu dans ce monument le tombeau d'Aratus : la description de Pomponius Méla et l'examen du terrain, ne pouvaient, en effet, me laisser de doutes. Voici le passage du géographe latin (*De situ orbis*, ch. XIII, *Cilicia*) : « Deinde urbs est olim à Rhodiis Argivisque, post piratis Pompeio « assignante possessa; nunc Pompeïopolis, tunc Solæ : juxta in « parvo tumulo Arati poetæ monumentum; ideo referendum quia « ignotum quam ob causam jacta in id saxa dissiliunt. »

DE POMPEÏOPOLIS À L'EMBOUCHURE DU CYDNUS.

A une heure et demie de Pompeïopolis et à l'est, se trouve Mersine (*Zephyrium*), aujourd'hui port de Tarsous. En creusant, il y a quelques années, les fondations de cette petite ville, dont la population est, en grande partie, composée d'Européens, on

[1] *Fasciculus inscr. græcar.* t. II, p. 97.
[2] *Rev. arch.* X[e] année, 1853. — *Soli et Pompeïopolis.*
[3] *Ibid.*

découvrit des tombeaux faits de larges briques, appartenant à l'époque romaine, mais dont il ne reste rien, aucune importance n'ayant été donnée à cette découverte.

Il y avait à Mersine une église grecque placée sous le vocable de saint Georges; près de l'arbre consacré à ce saint, on a découvert un fragment de plaque en marbre où il est représenté à cheval, avec le monogramme ⳩ (ὁ ἅγιος Γεοργίος).

Au nord et à l'est de Mersine se trouvent plusieurs châteaux byzantins, génois ou arméniens, ce sont *Elhabellieh-Kalessi, Goudbès-Kalessi, Turmell'-Kalessi*, etc.

Le village de *Karadowar*, qui vient après, renferme les restes d'un bain, dans lequel se voit une belle mosaïque que j'ai dessinée.

Kasanlié est un autre village situé à une heure du précédent. J'y ai trouvé deux inscriptions : l'une, grecque, est gravée sur un marbre noir; la seconde, qui se lit sur le côté d'un chapiteau, est latine et rappelle le nom d'un gouverneur de la province de Cilicie vers la fin du IIIe siècle.

....CIPIIVENTVTISDNO....IOVALERIO
CONSTANTIONOBELISSIMOCAESARI
AIMILIVSMARCIANVSVPPRASCILICIA
DICATISSIDVSNVMINIMAIESTATIOVEORVM

[Prin]cipi ju[v]entutis, d[omi]no [nostro] Julio Valerio | Constantio, nob[i]lissimo Cæsari, | Æmilius Marcianus v[ir] p[erfectissimus] præs[es Cilicia[e] | dicatissi[m]us numini majestati [q]ue[e]orum.

« Au prince de la jeunesse, notre seigneur Julius Valerius Constantius, nobilissime César; l'homme très-parfait Emilius Marcianus, gouverneur de la Cilicie, dévoué à leur divinité et à leur majesté[1]. »

A part un ancien bain, il ne reste rien de *Rhegma* (Ieni-Koï). Les chantiers dont parle Strabon n'ont laissé aucune trace; et le lac s'est transformé en marais infects qui, pendant les ardeurs de l'été, répandent des miasmes qui déciment la population de Tarsous et de la plaine.

Au nord des villages cités plus haut, et dans la montagne, se trouve *Ichma* (lieu où l'on boit); là est une source d'eau chaude sulfureuse sortant d'un rocher[2]. Les Romains y avaient construit

[1] On trouve quelquefois cette formule exprimée au pluriel, même quand il y n'y avait qu'un seul César.

[2] L'eau de cette source est à 33° Réaumur. Elle dégage constamment un

un bain dont on voit encore les restes; quelques sarcophages creusés dans les rochers voisins sont une preuve que dans l'antiquité il y avait des habitations sur ce point; aucune inscription ne donne le nom de cette source.

Ichma est habité l'été par des Européens, qui vont y planter leurs tentes pour échapper aux fièvres de Tarsous.

Au nord de Kasanlié et sur la route de Tarsous se trouve un monticule qui rappelle l'endroit indiqué par Strabon[1], où était assis le fort de *Cyinda* choisi par les rois de Macédoine pour y déposer leurs trésors.

ANCHIALE.

Il est vraisemblable, d'après le témoignage d'Étienne de Byzance, qu'Anchiale ne formait avec Tarsous qu'une même cité, comme je le dirai en parlant du *Dunuk-Dasch*. Au surplus, le témoignage de cet auteur se trouve corroboré par l'examen des rives de la mer, à l'embouchure du Cydnus, où ne se voit pas le plus léger vestige propre à marquer l'emplacement d'une ville des temps anciens.

TARSE. (Tarsous.)

L'antique cité de Tarsous est située dans une plaine, à petite distance d'un monticule du nom de *Kusuk-Kolah*, et à deux heures environ de la mer. Ni les auteurs anciens ni les traditions ne sont d'accord sur son origine, de sorte qu'il serait difficile de déterminer l'époque à laquelle remonte sa fondation et de désigner ses fondateurs.

Suivant Strabon[2], Tarsous aurait été bâtie par les Argiens qui suivirent Triptolême dans la recherche d'Io.

Ammien Marcellin indique Persée, fils de Jupiter, comme son fondateur; assertion confirmée par Lucain[3] :

« Deseritur Taurique nemus, Perseaque Tarsos. »

grand nombre de bulles généralement de dimensions considérables. Ces bulles de gaz paraissent consister en acide carbonique libre et en acide sulfhydrique; l'eau est légèrement salée. Cette source dépose beaucoup de limon et revêt la contrée limitrophe d'efflorescences blanches, dans lesquelles domine le chlorure de sodium.

[1] Liv. XIV, ch. v.

[2] *Ibid.*

[3] *Pharsale*, III, vers 225.

Enfin, d'après une tradition, Sardanapale aurait bâti Tarsous et Anchiale en un jour.

Tarsous, aux diverses époques de son histoire, porta des noms différents : elle fut appelée Anchiale, Crania, Parthénia, Hiera et Antioche, du nom d'Antiochus Épiphane, roi de Syrie.

Le Cydnus longe la ville à l'est; mais ne la traverse pas comme à l'époque de Strabon; on peut inférer de là qu'elle a beaucoup perdu de son étendue dans les temps modernes.

Tarsous renferme de beaux monuments, soit anciens, soit du moyen âge; le plus remarquable est le Dunuk-Dasch, édifice bien conservé, dont la vaste enceinte a dû être consacrée à la sépulture d'un roi des temps anciens.

Le Kusuk-Kolah, monticule qui domine Tarsous, et nécropole des Grecs et des Romains, est un point important sur lequel ont été faites de curieuses découvertes, par suite des fouilles qui y ont été pratiquées, et qui en promet de nouvelles.

LE DUNUK-DASCH [1].

§ I. Description du monument.

Le Dunuk-Dasch est le plus ancien monument de Tarsous, et il est vraisemblable qu'il ne le cède à aucun autre de l'Asie en antiquité; il est situé au sud-est de cette ville, au milieu d'un jardin planté d'arbres fruitiers qui en masquent la vue, et sur la rive droite du Cydnus. (Voy. la Planche.)

C'est un vaste parallélogramme (I K L M) ayant en surface 87 mètres de longueur, non compris les ouvrages extérieurs, 42 mètres de largeur et 7 mètres 60 centimètres de hauteur, ainsi que l'indique le plan ci-après; il est construit en poudingue, mélange de petits cailloux, de chaux et de sable [2], lié par un ciment qui a fait de ses murailles des masses compactes.

Dans l'intérieur de ce parallélogramme se trouvent deux blocs de forme cubique (A et B), dont le sommet correspond à la hauteur des murailles, aussi construits en poudingue, ayant acquis une telle solidité, que l'aiguille du mineur n'y peut pénétrer sans se briser; ils sont situés aux deux extrémités du parallélogramme, à une distance de 42 mètres, et séparés des murailles par un es-

[1] *Revue archéol.* x[e] ann. 1853. Tombeau de Sardanapale, à Tarsous.

[2] Un petit bloc de ce poudingue a été rapporté par M. Victor Langlois.

pace comblé de terres, pour celui qui a le plus d'étendue, et vide pour l'autre. Celui-ci présente, dans sa partie supérieure et jusqu'au tiers de sa longueur, une entaille de 75 centimètres de profondeur (C) et qui fait retour vers les deux extrémités de sa largeur (C′ C″). L'autre cube ne présente ni entailles ni ouvertures anciennes sur aucune de ses faces.

Vers le sommet, et dans le bord intérieur du mur d'enceinte qui entoure ces masses cubiques, et au sud-est seulement, on remarque, sur une même ligne et à d'égales distances, un grand nombre de trous, qui devaient servir d'assises à la voûte de ce vaste monument, dans lequel on pénétrait par une seule ouverture pratiquée au nord-ouest du parallélogramme (D) et faisant face au cube entaillé.

En dehors du monument et en face du cube principal situé au nord-est, est une muraille parallèle (E), qui devait se relier, d'un côté, avec la construction principale par une voûte qui couvrait un passage; et, d'un autre côté, à une troisième muraille (G) élevée parallèlement aux deux autres, par une autre voûte écroulée comme la première, ce que paraissent démontrer des décombres étagés de la base au sommet de ces constructions, qui sont de même hauteur que les murailles du parallélogramme.

En arrière de la troisième muraille est une masse de terre (H), légèrement inclinée jusqu'au niveau du sol.

On remarque que les matériaux composant le poudingue employé dans ces constructions forment des couches horizontales d'environ 50 centimètres d'épaisseur.

A la base et au pourtour du parallélogramme et des monuments qu'il renferme, se trouvent, en grand nombre, des morceaux de marbre blanc de la plus grande beauté, et de différentes dimensions. Des fragments de ce même marbre, ou très-petits, ou même pulvérisés, couvrent la partie supérieure des murs d'enceinte. Dans l'épaisseur de ces mêmes murs et à certaine hauteur, on a ménagé des cavités symétriques où paraissent avoir adhéré autant de plaques de marbre.

Aujourd'hui le marbre a entièrement disparu et le Dunuk-Dasch n'offre plus que des masses semblables à des rochers taillés; néanmoins les constructions sont dans le meilleur état et ce qui reste du monument est et sera longtemps encore d'une remarquable solidité.

§ II. Plan et dimensions.

Après avoir donné une description exacte du Dunuk-Dasch, je crois utile d'en présenter le plan, qui pourra présenter une idée plus complète encore de cette gigantesque construction, dont j'ai noté les dimensions avec une précision rigoureuse.

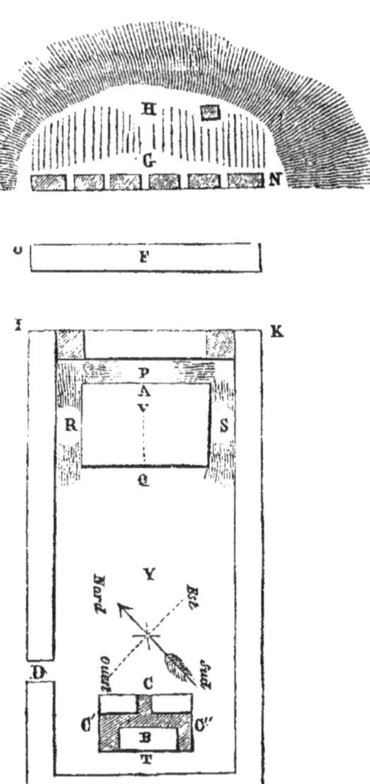

Longueur totale du monument, y compris les constructions extérieures (M N)	115^{m}	00
Longueur du parallélogramme seul (K M)	87	00
Largeur (I K)	42	00
Hauteur des murs et massifs	7	60
Épaisseur des murailles (D)	6	50
Longueur du grand cube (P Q)	23	00
Largeur du grand cube (R S)	16	50
Longueur du petit cube (C T)	18	00
Largeur du petit cube (C' C'')	11	00
Hauteur des deux cubes	7	60

§ III. Fouilles faites au Dunuk-Dasch.

Vers le commencement de l'année 1836, alors que les Égyptiens occupaient le pachalik d'Adana, qu'ils avaient conquis, M. Gillet, consul de France à Tarsous, profitant de l'offre que lui avait faite Ibrahim-Pacha, de mettre à sa disposition des mineurs et des ouvriers pour sonder le Dunuk-Dasch, fit attaquer le cube principal par son centre supérieur, dans lequel il fit creuser un trou qu'il remplit de poudre. L'explosion n'ayant produit aucun effet, et l'aiguille s'étant cassée plusieurs fois dans les tentatives faites pour la faire pénétrer plus profondément, M. Gillet abandonna son entreprise, mais pour faire miner ce même cube à sa base et du côté qui fait face à l'autre monument. A 1 mètre au-dessous du sol, les ouvriers trouvèrent un rang de pierres de taille d'environ 80 centimètres d'épaisseur sur 150 de largeur, et pénétrant dans le massif de 35 centimètres environ. M. Gillet voulant s'assurer si la base du cube entaillé était semblable à celle qu'il venait de mettre à découvert, y fit creuser un puits de 5 mètres et reconnut que sa construction différait en ce sens qu'aucun rebord saillant n'y avait été trouvé.

Contrarié de l'inutilité de ses efforts, M. Gillet fit reprendre ses travaux au point où il avait découvert des pierres de taille en saillie: au moyen de coins en fer, il fit pratiquer dans le massif une galerie de 1 mètre 80 centimètres d'élévation sur 150 de largeur, et arriva ainsi jusqu'au centre; puis il fit creuser en cet endroit un puits de 3 mètres de profondeur au-dessous du sol. Ces nouvelles tentatives n'amenèrent pas de meilleurs résultats.

Enfin, M. Gillet, excité par le désir de reconnaître la destination du monument, fit fouiller le terrain entre les deux cubes et trouva, mêlé à des débris de marbre blanc et à des fragments de poterie rouge, un doigt en marbre blanc d'une assez grande dimension, découverte qui lui fit supposer que, sur ce point, une statue colossale avait dû orner le monument.

A compter de ce moment, M. Gillet, qui attendait une subvention du ministre de l'intérieur pour continuer ses travaux, cessa ses recherches et quitta Tarsous en 1839, sans avoir pu découvrir le mystère que cache le Dunuk-Dasch.

§ IV. Opinion des voyageurs sur le Dunuk-Dasch.

La plupart des voyageurs qui ont visité Tarsous ont essayé de donner une destination au Dunuk-Dasch. Paul Lucas, le premier qui en ait fait mention, le présente comme la base d'un édifice renversé[1].

Longtemps après Paul Lucas, Macdonald Kinneir[2], qui consacra plusieurs jours à l'exploration de Tarse, examina aussi le monument et dit que ce pouvait être le tombeau de Julien, dont les cendres furent apportées de Perse à Tarse où on éleva à ce prince un mausolée magnifique.

Le consul Dizaut, suivant une lettre qu'a publiée M. Bapt. Poujoulat[3], n'hésite pas à voir dans le Dunuk-Dasch un tombeau assyrien.

Quand, en 1836, M. Ch. Texier passa à Tarsous, le consul de France, M. Gillet, le conduisit au Dunuk-Dasch, où il faisait des fouilles. Le savant voyageur rapporta, de cette visite, une opinion qui se trouve développée dans son *Voyage en Asie Mineure*[4], et qu'il résume ainsi : « Peut-être ce lieu était la résidence de l'un de ces oracles si répandus dans la Cilicie et la Cataonie. »

Le colonel Chesney, chargé par le gouvernement anglais de l'exploration des bords de l'Euphrate, visita le Dunuk-Dasch la même année, et dans une lettre qu'il écrivit à M. Gillet, consul de France à Tarsous, exprima ainsi son opinion : « C'est le monument ancien le plus remarquable et le plus extraordinaire que j'aie jamais vu, tant par la force de sa construction que par la simplicité apparente de ses divisions. Je crois qu'il a été construit pour y loger des tombeaux, et que c'est un temple druide (*sic*). »

Plus tard le colonel Chesney, écrivant encore à M. Gillet, modifia son opinion, mais pour donner du Dunuk-Dasch une explication basée sur un passage de Strabon qu'il n'avait pas compris. « Je trouve dans Strabon, dit le colonel Chesney, un passage intéressant relatif aux guerres de Mopsus et d'Amphiloque, qui vinrent à Tarsous après la guerre de Troie et s'y tuèrent en

[1] *Voyage en Asie Mineure*, t. I, p. 251, 252.
[2] *Voyage en Asie Mineure*, t. I, p. 202, 203.
[3] *Correspondance d'Orient*, t. VII, p. 171.
[4] T. III, p. 220.

combat singulier. Ils furent enterrés dans une même enceinte, mais de manière qu'ils se fissent encore la guerre après leur mort. »

Cette traduction est erronée et ne répond en aucune manière au texte de Strabon, qui dit que c'est aux environs de Mégarse que les deux héros avaient été enterrés, et que l'on y voyait leurs tombeaux élevés à une distance qui ne permît pas de voir du tombeau de l'un le tombeau de l'autre.

M. le comte de Laborde, dans l'opinion qu'il a émise et que rapporte M. Gillet dans une lettre à M. le ministre de l'intérieur, a, le premier, jeté un peu de lumière sur le Dunuk-Dasch, en disant que c'était « une vaste sépulture appartenant à un âge héroïque, et où la civilisation grecque a pu faire, lorsqu'elle s'établit dans ces contrées, des additions et des embellissements. »

M. Raoul-Rochette, au nom d'une commission de l'Académie, a été appelé à donner son opinion sur ce même monument; mais comme il n'avait pas de données suffisantes pour traiter ce sujet, le savant académicien se contenta de dire que « ce pourrait être un grand mausolée exécuté à l'époque grecque d'après les données locales et des traditions plus anciennes. » Plus tard le même savant ajouta que : « des fouilles pourraient procurer des découvertes prouvant que c'est un de ces monuments d'un art gréco-asiatique qui doivent se rencontrer sur un sol tel que celui de Tarsous. »

Enfin, M. Kœhler, voyageur allemand, qui leva le plan du Dunuk-Dasch en 1851, corrobora l'opinion des savants qui l'avaient précédé dans l'étude du monument et dit que « les deux cubes ne pouvaient être que des tombeaux. »

Il est utile de faire connaître ici la légende qui a cours, parmi les habitants de la contrée, sur le Dunuk-Dasch, mots qui signifient, en turc, *pierre renversée.*

D'après la légende « ce sérail (c'est ainsi qu'elle qualifie le Dunuk-Dasch) était situé sur une éminence dominant la ville et qu'on nomme Kusuk-Kolah (Belvédère). Le prince qui habitait ce palais avec sa fille s'étant attiré la colère du grand prophète, celui-ci, pour les punir, lança leur sérail d'un coup de pied à l'endroit où il se trouve aujourd'hui; et où il tomba sens dessus dessous, pour y ensevelir les deux personnages. »

§ V. Le Dunuk-Dasch considéré comme monument funéraire.

Les savants et les voyageurs sont d'accord sur ce point, que le Dunuk-Dasch est un tombeau; et la tradition locale confirme cette opinion en le plaçant primitivement sur le Kusuk-Kolah, au milieu de la nécropole que j'ai découverte, et en faisant ensuite de ce monument le tombeau de deux personnages, qui se voit à Tarsous.

Le Dunuk-Dasch révèle, soit par sa forme, soit par le genre de ses constructions, un art purement asiatique; toutefois, on peut supposer qu'il a été embelli à une époque postérieure à sa fondation, lorsque la civilisation grecque s'est introduite dans ces contrées, supposition que confirment les médailles autonomes de Tarsous, des Séleucides et les Impériales grecques frappées dans

cette ville, et sur lesquelles ce monument est représenté orné de guirlandes funéraires et surmonté d'une pyramide au milieu de laquelle est Sardanapale, vêtu du costume assyrien et debout sur un animal, symbole de son apothéose.

§ VI. Position d'Anchiale.

Plusieurs historiens et des géographes font d'Anchiale et de Tarsous deux villes distinctes : ainsi Eustathe (ad. Dion. Perieg., v. 875) dit qu'Anchiale, ville de la Cilicie, est située près de Tarsous, à l'embouchure du Cydnus; et il ajoute que le Cydnus, qui traverse Tarsous, reçut son nom de Cydnus, fils d'Anchiale, fille de Japhet.

D'autres auteurs attribuent la fondation d'Anchiale à Sardanapale; et c'est près des murs de cette ville que Strabon et Arrien placent son monument, qui portait en caractères assyriens l'inscription qui suit :

Σαρδανάπαλλος Ἀναξυνδαράξεω
Ἀγχίαλην ἔδειμε καὶ Ταρσὸν μιῇ ἡμέρῃ·
Σὺ δὲ ξένος ἔσθιε, πῖνε, παῖζε.
(*Fragm. hist. græc.*, I, 440. — Arrien, *Fragm.*, 21.)

Inscription que Cicéron (*Tuscul.* V) a rendue par :

Hæc habeo, quæ edi, quæque exsaturata libido
Hauserat, illa jacent multa, et præclara relicta.

Strabon était né en Asie Mineure, et il paraît évident que si le cénotaphe de Sardanapale et le Dunuk-Dasch eussent été des édifices distincts, il n'eût pas manqué de mentionner celui-ci comme il a parlé du premier; car, quelle que fût la destination primitive du Dunuk-Dasch, il n'est pas douteux que le géographe qui décrivait si fidèlement des édifices de moindre importance n'eût parlé de ces masses monumentales, et que s'il n'en a rien dit, c'est que, par monument de Sardanapale, il entendait ce même Dunuk-Dasch.

L'anniversaire funèbre de la mort de Sardanapale, que célébraient les Tarsiotes par des fêtes, et en élevant un bûcher pyramidal dont il occupait le centre, ainsi que je l'ai dit, est, sinon une preuve, au moins un indice que le tombeau de ce roi et le Dunuk-Dasch ne font qu'un seul et même monument.

Étienne de Byzance, plus précis que les historiens dont je viens parler, dit qu'Anchiale, comme Parthénia, serait l'ancien nom de Tarsous. S'il en était ainsi, et il est permis de le croire, Anchiale et Tarsous ne feraient effectivement qu'une seule et même ville, comme le cénotaphe de Sardanapale et le Dunuk-Dasch, ne feraient qu'un seul édifice.

En effet, on n'a pas trouvé de médailles avec les noms de Parthénia et d'Anchiale; et celle attribuée à cette dernière ville par Mionnet (*Descrip. supp.* VII, page 188) et portant le type d'Esculape, doit être reportée à Anchiale de Thrace.

En admettant les assertions d'Étienne de Byzance, fortifiées par le silence qu'a gardé Strabon sur l'existence du Dunuk-Dasch, il faut écarter celles d'autres auteurs qui placent le cénotaphe de Sardanapale à l'embouchure du Cydnus, où ne se trouve d'ailleurs aucun vestige d'un monument antique, rien enfin qui puisse donner la plus légère idée de l'érection sur ce point, que j'ai minutieusement exploré, du cénotaphe dont il s'agit.

§ VII. Confusion des monuments de Sardanapale Ier et de Sardanapale II.

Aux environs de Ninive, et sur un tertre, était un tombeau élevé à Sardanapale II, sous le règne duquel fut détruit l'empire (cf. de Saulcy, *Recherches sur la chronologie des empires de Ninive, de Babylone et d'Ecbatane*, page 76). Sur une colonne de ce tombeau, échappée à la destruction, on lisait une inscription en caractères assyriens, dont le cynisme rappelait la vie dissolue de ce roi, inscription dont Athénée a conservé trois traductions, l'une de Chérile, les deux autres de Phénix de Colophon et de Chrysippe (cf. Athénée, VIII, 14).

Le tombeau de Sardanapale Ier portait une autre inscription rapportée par Cléarque, disciple d'Aristote (cf. Athénée, *loc. cit.*), et ainsi conçue :

Sardanapale, fils d'Anaxyndarax, a bâti Tarse et Anchiale en un jour, et maintenant il n'est plus.

. . . . ἀλλὰ νῦν τέθνηκεν.
(*Fr. Hist. gr.* t. II, p. 305.)

Clitarque, Aristobule, Callisthène, Hellanicus et Apollodore ont rapporté cette épitaphe, mais ils ont dû la confondre avec celle de Sardanapale II, mort à Ninive; et les historiens grecs, sans éclaircir les faits, ont accrédité cette confusion, qui, lors du passage à Tarsous d'Alexandre se rendant à Issus, s'est en quelque sorte confirmée par les acclamations de l'armée du héros macédonien, défilant devant le monument qu'elle croyait être celui du prince dont le cynisme a fait la célébrité.

Dans un ouvrage cité plus haut (*Recherches sur la chronologie des empires de Ninive, de Babylone*, etc.), M. de Saulcy dit que le prince qui, après avoir été renversé du trône par Bélésis et Arbace, se serait retiré en Cilicie où il aurait fondé Tarsous et Anchiale, ne peut être que Sardanapale Ier, dont l'inscription est ci-dessus.

Les écrivains grecs que je viens de citer ont dû ajouter à la teneur de cette inscription, les mots : Σὺ δὲ ξένος ἔσθιε, πῖνε, παῖζε, qui ont fait confondre les tombeaux des deux Sardanapale, monuments parfaitement distincts, ainsi que je l'ai établi dans le cours de ce mémoire.

§ VIII. Conclusion.

En l'absence de textes précis et d'inscriptions qui fassent connaître l'origine et la destination du Dunuk-Dasch, on ne peut, de ce qui précède, tirer que des conjectures très-vraisemblables d'ailleurs.

Suivant l'opinion commune aux savants qui se sont occupés de cet édifice, et aux voyageurs qui l'ont visité, ce serait un vaste tombeau; et les médailles de Tarsous qui représentent sa figure et celle de Sardanapale semblent faire de ce monument le cénotaphe de ce prince.

Des historiens, il est vrai, faisant de Tarsous et d'Anchiale deux villes distinctes, placent le cénotaphe dans cette dernière cité; mais Étienne de Byzance, appliquant ces deux noms à la même ville, renverse les assertions de ces écrivains.

Ainsi, en s'arrêtant à l'opinion des savants, aux types des médailles de Tarsous et à la tradition qui s'est perpétuée en s'embellissant des couleurs de la fiction, le Dunuk-Dasch, monument colossal qui a défié le temps et les révolutions dont Tarsous a été le théâtre, et qui se dresse encore presque intact, serait bien le cénotaphe de Sardanapale Ier, réfugié en Cilicie après la perte de son royaume, et qui y mourut dans un âge avancé.

LE KUSUK-KOLAH.

Le Kusuk-Kolah (fort du Belvédère) est un monticule situé au sud et à une petite distance de Tarsous. Il est appuyé à l'ouest aux ruines d'un amphithéâtre, et à l'est il aboutit par une pente presque insensible à *Kandji-Kapou* (porte de la femelle), dans la direction du port de Mersine.

Les fortifications de Tarsous, maintenant détruites, et dont les fondations sont ensevelies sous les terres, longeaient le Kusuk-Kolah au sud; un large fossé qui lui servait d'enceinte est comblé par des éboulements.

La nécropole, située sur la partie du monticule qui fait face à la ville, s'étendait de la base de l'amphithéâtre à cette même porte de Kandji-Kapou, sur une longueur d'environ 400 mètres.

Lors de l'occupation musulmane, les conquérants violèrent cette nécropole et, dans l'espoir d'y trouver des trésors, ils brisèrent les sarcophages, après avoir bouleversé le terrain qui est aujourd'hui cultivé, sauf le sommet et les versants, qui ne sont pas susceptibles de culture en raison de leur inclinaison et des pluies qui chaque année en enlèvent les terres végétales, tout en mettant à découvert des fragments d'antiques et de poteries. Cette dernière circonstance donna à M. Barker, consul à Tarsous, l'idée d'explorer la partie du monticule voisine de l'amphithéâtre et d'y faire des fouilles, qui amenèrent la découverte d'une assez grande quantité de fragments de terres cuites parmi lesquels ne se trouvaient que peu de statuettes à peu près intactes.

Ces antiques furent envoyés au musée Britannique.

M. Barker a récemment publié, sur l'ensemble de ses découvertes, un ouvrage ayant pour titre : *la Cilicie* [1], et dans lequel il essaye de prouver qu'au point où il a recueilli ses terres cuites devait se trouver, sous la domination romaine, une fabrique de poteries; mais les objets envoyés au musée Britannique furent soumis à l'examen d'antiquaires de Londres qui déclarèrent que ces statuettes, représentant les dieux Lares des anciens Ciliciens, avaient dû être enfouies à l'époque où le christianisme se répandit dans le pays.

Instruit des résultats obtenus par M. Barker, je visitai l'endroit où il avait fouillé et où se trouvaient encore quelques débris d'antiques sans valeur. Huit jours après ma visite au Kusuk-Kolah d'où je revins avec le désir d'y tenter de nouvelles découvertes, un jeune fellah que j'avais mis à la recherche des médailles me montra une petite tête d'un beau style et quelques lampes qu'il avait trouvées sur un point du Kusuk-Kolah, éloigné d'environ 60 mètres des fouilles faites par M. Barker.

Je sondai immédiatement le terrain et bientôt j'acquis la certitude que la mine n'était pas épuisée : quelques heures de travail eurent des résultats qui me payèrent largement de mes fatigues, et une première caisse de fragments de terres cuites que j'envoyai au ministère de l'instruction publique fut le produit de mes premières fouilles. Pour les continuer je dus, après l'achat simulé du terrain, obtenir, du pacha de la province, l'autorisation de le creuser. Cette formalité remplie, je parvins, aidé de M. Mazoillier, vice-consul de France à Tarsous, à surmonter

[1] *Lares and Penates, or Cilicia*, etc.; Londres, 1853, in-8°

les difficultés que m'opposaient les employés subalternes de l'administration de la douane.

Enfin, dégagé de toute entrave, je réunis plusieurs ouvriers, et à partir du mois de décembre jusqu'en avril, époque à laquelle je dus rentrer en France, mes travaux ne furent point interrompus, M. Mazoillier ayant bien voulu les diriger pendant la durée de mes excursions en Cilicie.

Huit caisses de terres cuites, parmi lesquelles se trouvaient des pièces entières, ont été extraites du Kusuk-Kolah et envoyées au ministère de l'instruction publique. Mon départ annoncé et mes fouilles abandonnées, le vice-consul d'Angleterre, d'accord avec M. Grégoire Alepson, voyageur arménien et, d'après ce qui m'a été dit, agent du musée Britannique, commença des fouilles à côté des trois puits que j'avais creusés. Mon départ ne me permit pas de suivre leurs travaux; mais je suis convaincu que, disposant de fonds suffisants, ils trouveront des objets intéressants pour la science archéologique et la céramique.

Là où M. Barker croyait avoir trouvé une fabrique de poteries, circonstance qui l'a empêché de donner une plus grande extension à ses fouilles, j'ai découvert une vaste nécropole; l'étude que j'ai faite du terrain et de tous les objets que je suis parvenu à en extraire ne pouvait me laisser de doutes. Ces objets consistent en statuettes, déités funéraires et autres, empruntées, soit à la mythologie grecque, soit au panthéon égyptien et asiatique; en nombreux fragments de briques liées entre elles par de la chaux mêlée de sable de mer, dans lequel se trouvent des coquillages; en urnes cinéraires; en restes d'ossements humains à demi-calcinés; en vases à encens, fioles à parfums, agrafes en métal, lampes, et en beaucoup d'autres objets variés, parmi lesquels j'ai trouvé trois fragments de vases murrhins artificiels, qui prouvent que Tarse était la rivale de la Grèce pour l'industrie et les arts, comme elle pouvait l'être pour les sciences et les lettres.

Les restes d'ossements humains, mêlés à tous ces objets, paraissent démontrer que le Kusuk-Kolah était bien une nécropole où les anciens avaient enfoui ces antiques avec leurs morts : l'Italie et, dans ces derniers temps, la Cyrénaïque, ont fourni des exemples de semblables enfouissements.

A défaut d'inscriptions, ce n'est que par des objets d'art et des médailles qu'il est possible d'assigner un âge à la nécropole de Tarsous.

Les médailles les plus anciennes que j'ai trouvées dans mes fouilles sont des pièces autonomes de Tarsous représentant, d'un côté, la tête tourrelée de la ville, et de l'autre la figure du monument de Sardanapale dont il a été question dans la notice sur le Dunuk-Dasch.

Les figurines les plus anciennes révèlent un art des premiers siècles avant l'ère chrétienne.

Deux médailles impériales de Tarsous, avec les noms de Gordien III et de Trajan Dèce, qui étaient renfermées dans un vase en terre rouge, cassé d'un côté, et qu'un coup de pioche acheva de briser, peuvent encore servir à indiquer, au moins approximativement, l'époque de l'abandon de la nécropole, Trajan Dèce ayant régné au milieu du IIIe siècle après J. C.

Enfin, j'ai trouvé sur des fragments de lampes et de poterie rouge quelques noms purement romains, tels que ceux des potiers Καῖος (*Caïus*), *Furius*, *Strobius*, etc.

Il paraît évident que, lors de l'introduction du christianisme en Cilicie, la nécropole fut abandonnée; car je n'ai pas trouvé un seul objet qui révélât une intention chrétienne, si ce n'est le fragment d'une lampe, sur laquelle était figurée la colombe posée sur une branche d'olivier; mais on sait que ce symbole se voit sur beaucoup de monuments païens d'une époque assez reculée.

Les conquérants qui se succédèrent dans le pays, qu'ils fussent romains, byzantins ou arméniens, ne profanèrent point les sépultures; les musulmans seuls, excités par le fanatisme religieux et par la cupidité, dévastèrent le Kusuk-Kolah, ainsi que je l'ai dit, dans l'espoir d'y trouver des trésors qu'ils supposaient y avoir été déposés avec les morts.

Cette nécropole reçut les derniers coups lorsque les musulmans, pour restaurer les fortifications de Tarsous qu'avait élevées Haroun-al-Raschid, firent creuser, à l'époque des croisades, une nouvelle ceinture de défense dans le voisinage du Kusuk-Kolah, ce qui nécessita, pour l'édification des tours et des murs, des bouleversements de terrain qui eurent pour résultat la mutilation des terres cuites qui, jusque-là, avaient échappé aux mains destructives des conquérants.

Les événements qui se sont accomplis sur ce point de la ville expliquent suffisamment la destruction partielle des objets d'art que j'ai recueillis au Kusuk-Kolah.

Les statuettes entières, ou légèrement mutilées, que j'ai été assez heureux pour comprendre dans mes envois, étaient assez profondément enfouies dans le sol pour échapper aux atteintes des musulmans; mais il n'en a pas été de même de celles rapprochées de la surface, qui, toutes, portent les traces des bouleversements qu'a subis la nécropole[1].

Des excavations d'une profondeur de trois à quatre mètres ont donné lieu à ces remarques qui m'autorisent à penser que si l'on creusait profondément sur divers points, et à quelque distance des anciennes fortifications de Tarsous, on pourrait espérer trouver, non-seulement des statuettes intactes, mais peut-être encore des tombeaux purs de toute profanation.

La vaste nécropole du Kusuk-Kolah, attaquée seulement sur deux points restreints, et avec quelque succès, pourrait, ce me semble, habilement étudiée et fouillée, livrer à la science d'importantes découvertes, peut-être des monuments susceptibles d'éclaircir des points douteux de l'histoire, et révéler des faits dont les annales n'ont pas conservé le souvenir.

Outre le Kusuk-Kolah et le Dunuk-Dasch, la ville de Tarsous possède encore les beaux restes d'un théâtre qui était d'une grande étendue, à en juger par l'hémicycle, qui est encore debout[2], et dont on voit les ruines à l'est du Kusuk-Kolah, et les portes de Démir-Kapou et de Kandji-Kapou, jadis reliées aux fortifications de la cité, bâties par Haroun-al-Raschid et restaurées par le roi arménien Héthum Ier. Tarsous renfermait encore des palais et des bains magnifiques; j'ai trouvé en plusieurs endroits différents de la ville des restes de mosaïques qui rappellent le luxe des Romains mêlé à l'élégance des Grecs.

J'ai pu recueillir, par suite de persévérantes recherches, tant

[1] Toutes les figurines en terre cuite et les fragments divers que M. V. Langlois a adressés à M. le Ministre de l'Instruction publique pendant le cours de sa mission, ont été donnés par S. E. au musée des Antiques du Louvre, sur la demande qui lui en a été faite par M. le Directeur des musées impériaux. (Note de la rédaction des *Archives*.)

[2] Kinneir a pris ce monument pour un gymnase. T. I, p. 199.

dans l'intérieur de la ville que sur les débris de monuments épars dans la plaine qui l'entoure, plusieurs inscriptions qui jusqu'ici ont échappé à l'attention des voyageurs. La plus importante est celle que j'ai trouvée encastrée dans le mur extérieur du *Yeni-Hammam* (bain neuf), près de la mosquée dite l'incomparable (*Olou-Djami*).

M. Philippe le Bas, à qui j'ai communiqué cette inscription, l'a jugée digne d'une étude sérieuse, et est parvenu à rétablir les lignes que le temps a détruites. Je la reproduis ici avec la restitution du savant académicien [1] :

(Six lignes effacées.)

.........ΕΤΕΡΟ......
ΣΕΟΥ...............
...ΕΥΣΕΒΟΥΣΕΥΜ....
ΑΛΕΞΑΝΔΡΙΑΝΙ.......
ΝΗΑΝΤΩΝЄΙΝΙΑ... ...
ΤΑΡΣΟΣΗΠΡΩΤΗ......
ΚΑΙΚΑΛΛΙΣΤΗΜ.......
ΤΩΝ.Γ.ΕΠΑΡΧΕΙΩΝ ....
ΙΣΑΥΡΙΑΣΛΥΚΑΟΝΙ....
ΘΕΖΟΜΕΝΗΚΑΙΕΝΕΟΙΚΟΙ....
ΜΟΝΗΤΕΤΕΙΜΗΜΕΝΗΔΗΜ..
ΟΥΡΓΙΑΙΣΤΕΚΑΙΚΙΛΙΑΡΧΗ...
ΕΣΤΑΡΧΙΚΩΝΚΑΙΕΛЄΥΘΕΡΟΚ..
ΝΟΒΟΥΛΙΩΚΑΙΕΤΕΡΑΙΣΠΛ..
ΣΙΑΙΣΚΑΙΜΕΓΙΣΤΑΙΣΚΑΙЄΞΑΙ
ΡΕΤΟΙΣΔΩΡΕΑΙΣ

Restitution de M. le Bas :

[ΑΓΑΘΗ ΤΥΧΗ
ΥΠΕΡΣΩΤΗΡΙΑΣΚΑΙΝΕΙΚΗΣ
ΚΑΙΑΙΩΝΙΟΥΔΙΑΜΟΝΗΣ
ΑΥΤΟΚΡΑΤΟΡΟΣΚΑΙΣΑΡΟΣ
ΘΕΟΥΣΕΟΥΗΡΟΥΥΙѠΝΟΥ
ΘΕΟΥΑΝΤΩΝΕΙΝΟΥΥΙΟΥ
ΤΟΥΚΥΡΙΟΥΗΜ]ΕΤΕΡΟ[ΥΜ.ΑΥΡ.]
ΣΕΟΥ[ΗΡΟΥΑΛΕΞΑΝΔΡ]
ΟΥ]ΕΥΣΕΒΟΥΣΕΥ[ΤΥΧΟΥΣΣΕΒ.]

[1] *Inscript. de la Cilicie*, pag. 22, n° 46.

ΑΛΕΞΑΝΔΡΙΑΝΗ[ΣΕΟΥΗΡΙΑ]
ΝΗΑΝΤΩΝΕΙΝΙ[ΑΝΗΑΔΡΙΑΝΗ]
ΤΑΡΣΟΣΗΠΡ[Ω]ΤΗ[ΚΙΛΙΚΙΑΣ]
ΚΑΙΚΑΛΛΙΣΤΗΜ[ΗΤΡΟΠΟΛΙΣ]
ΤΩΝ.Γ.ΕΠΑΡΧΕΙΩΝ[ΚΑΡΙΑΣ]
ΙΣΑΥΡΙΑΣΛΥΚΑΟΝΙ[ΑΣ ΚΑ]
ΘΗΖΟΜΕΝΗΚΑΙΕΝΤ[Ε]Ι[Χ]Ο[Υ]
ΜΟΝΗΤΕΤΕΙΜΗΝΕΝΗΔΗΜ[Ι]
ΟΥΡΓΙΑΙΣΤΕΚΑΙΚΙΛΙΑΡΧ[ΕΙΑΙΣ]
[ΤΩ]ΤΑΡΧΙΚΩ[ΤΕ]ΚΑΙΕΛΕΥΘΕΡΩΚ[ΟΙ]
ΝΟΒΟΥΛΙΩΚΑΙΕΤΕΡΑΙΣ ΠΛ[ΕΙ]
Σ[Τ]ΑΙΣ ΚΑΙ ΜΕΓΙΣΤΑΙΣ ΚΑΙΕΞΑΙ
ΡΕΤΟΙΣΔΩΡΕΑΙΣ

TRANSCRIPTION.

Ἀγαθῇ τύχῃ. Ὑπὲρ σωτηρίας καὶ νείκης καὶ αἰωνίου διαμονῆς Αὐτοκράτορος Καίσαρος, θεοῦ Σεουήρου υἱωνοῦ, θεοῦ Ἀντωνείνου υἱοῦ, τοῦ κυρίου ἡμετέρου Μάρκου Αὐρηλίου Σεουήρου Ἀλεξάνδρου Εὐσεβοῦς Εὐτυχοῦς Σεβασ7οῦ Ἀλεξανδριανή, Σεουηριανή, Ἀντωνεινιανή, Ἀδριανή, Τάρσος, ἡ πρώτη Κιλικίας καὶ καλλίσ7η μητρόπολις τῶν γ' ἐπαρχειῶν Καρίας Ἰσαυρίας Λυκαονίας καθεζομένη καὶ ἐντειχουμένη μόνη τετειμημένη δημιουργίαις τε καὶ κιλιαρχείαις τῷ τ' ἀρχικῷ τε καὶ ἐλευθέρῳ κοινοβουλίῳ καὶ ἑτέραις πλείσ7αις καὶ μεγίσ7αις καὶ ἐξαιρέταις δωρεαῖς.

TRADUCTION.

« A la fortune propice! Pour le salut, la victoire, le maintien éternel de l'empereur César, petit-fils du dieu Sévère, fils du dieu Antonin, notre maître Marc-Aurèle, Sévère-Alexandre, pieux, heureux, auguste, l'Alexandrinienne, la Sévérienne, l'Antoninienne, l'Adrienne, Tarse, première ville de la Cilicie et très-belle métropole des trois provinces Carie, Isaurie, Lycaonie, solidement assise et bien fortifiée, et seule honorée de droits politiques et de fréquentes ciliciarchies et d'un conseil général statuant souverainement et libre, ainsi que de beaucoup d'autres faveurs très-grandes et hors ligne. »

Une autre inscription, que j'ai trouvée aussi à Tarsous, m'a paru digne d'un grand intérêt; c'est l'épitaphe bilingue d'un centurion de la 5e légion macédonienne :

IVLIOSEVERO ⸓ LEG
VMACEDDVLCISSIMO
MARITO
IVLIAHERMIONEYTALE
MATRONAMEMORIAE
CAVZA.

ΙΟΥΛΙѠϹЄΥΗΡѠ Ᵽ ΛΕ[Γ
ΠΕΜΠΤΗϹΜΑΚΕΔ
ΜΑΡΙΤѠΝΓΛΥΚΥΤΑΤ[Ѡ]ϹΥΝΒΙѠ
ΙΟΥΛΙΑЄΡΜΙΟΝΗΙΤΑΛΗΜΑΤΡѠΝΑ
ΜΝΙΜΗS[ΧΑΡΙΝ]

Julio Severo [centurioni] leg[ionis] || quintæ Maced[onicæ], dulcissimo || marito || ; Julia Hermione Ytale || matrona memoriæ cau[s]a.»

Ἰουλίῳ Σε[ο]υήρῳ Ᵽ λεγ[εῶνος] || πέμπτης Μακεδ[*ονίκης*] || Μαριτῶν (?) *γλυκυτάτῳ συμβίῳ* || *Ἰουλία* Ἑρμιόνη Ἰταλὴ *ματρώνα* || *μνήμης* [*χάριν*][1].

« A Julius Severus centurion de la 5e légion macédonienne, mari bien-aimé; dame Julia Hermionè Ytalè, a élevé ce monument à sa mémoire. »

Tarsous possède aussi de remarquables édifices des époques arménienne et musulmane.

L'église arménienne dissidente qui aurait été bâtie par saint Paul, suivant une tradition, mais qui ne remonte effectivement qu'au IXe ou Xe siècle, est placée sous le vocable de la Vierge. On voit encastrées dans ses murs plusieurs inscriptions intéressantes, en ce qu'elles signalent des faits dont l'histoire ne dit rien [2].

Je vais donner ici le texte et la traduction de ces inscriptions.

1° Sur le mur extérieur de l'église :

✠ Ի Թու : Հայց :
ՈՀԷ : Նորոգեց
աւ պարիսպս Տարս
ոնի ձեռամբ թագ·
Հայոց Հեթմոյ·

« L'an 677 de l'ère arménienne (1228) les remparts de Tarsous ont été renouvelés par la main d'Héthum, roi des Arméniens. »

[1] Le sigle Ᵽ, qui est la traduction du sigle latin 7̶, signifie *ἑκατοντάρχῃ*. L'élément essentiel du sigle Ᵽ est le P, qui représente, comme on le sait, le nombre 100. M. Franz s'est donc trompé en traduisant le sigle en question par *χιλιάρχης* aux nos 4532 et suiv. du *Corpus insc. græcarum.* La partie latine de l'inscription bilingue copiée par M. Victor Langlois ne peut laisser d'incertitude à cet égard. Quant au mot Μαριτῶν, le traducteur grec ne comprenant pas le mot latin *marito*, aura sans doute cru y voir le génitif pluriel d'un ethnique. (Note communiquée par M. Ph. le Bas, membre de l'institut.)

[2] *Revue archéologique*, 10e année, 1854. — Note sur trois inscriptions arméniennes de l'église de la Vierge, à Tarsous.

2° Pierre tombale encastrée dans le mur intérieur de l'église :

✠ ՍԲ	ՍՏ ✠
ԵՓ	ԱՆ
Ո	Ս
✠	✠
Կա(ն)գնեց(աւ)	Ի բարեխաւս հոգոյն
արքայակ(ան)	տէր ստեփ
սուրբ նշանս	անոսի որ փոխեցաւ
ի Թվ. Հ. չԺա	ի Քրիստոս ետ այս կեանս

ԱՄԷՆ.

✝ SAINT-ÉTIENNE. ✝

« Cette sainte croix royale a été élevée dans l'année arménienne 711 (1253) pour l'intercesseur de notre âme, à Étienne, qui est mort en Christ après cette vie.

« Amen ! »

3° Inscription monostique d'une pierre tombale encastrée sur la porte latérale de l'église :

Cette inscription est en vers de cinq pieds ; au centre, une croix fleurie, et un peu au-dessus un écu bandé.

Որ վասն անչափ սիրոյ քոյին
Բանդ ի կուսէ առեր մարմին,
Աղաչանաւք Աստուածածնին
Թող ըղյանցանսըն զԱլեքսին
Որ և հանգեաւ ի մեծ թուին
ՉԿ հընգին.
Յորժամ գայցես յաչխարհ կրկին
Յարոյ զսա փառաւք քոյին. Ամէն.

« Par votre amour infini, Verbe de Dieu qui avez pris le corps de la Vierge, par l'intercession de la sainte Vierge, pardonnez les péchés d'Alexis, qui est mort dans la grande date 765 ; quand vous reviendrez pour votre second avénement, ressuscitez-le avec votre gloire ! Amen ! »

L'année 765 de l'ère arménienne correspond à l'année 1317, époque à laquelle régnait le Thakavor Ochin.

4° Inscription de onze lignes en vers rimés, servant d'autel dans la même église :

✝ Կամաւք անմահ բարերարին.
Որ է պատճառ համուրց գոյին.
Սուրբ և հզաւր արքային Աւշին
Տէրամբ թագաւոր Հայոց զարմին,
Կանգնեաց զամրոցս այս ահագին
Նոցունց որք աստ ապաստանին ։
Ըզհիմնադիր այս ամրոցին
Ըզթագազարմին Կոստանդին
Որ նա տիրէ մեծ Դղեկին
Որ Դեղըն-քար անուն կոչին.
Աւարտեցան ջանիւք սորին
Եաւթն հարիւր վաթսուն ութին (ՉԿԸ) ։
Արդ որք ի սա ապաստանին
Եւ կամ՝ մարմնոյ աչաւք նային,
Տալ փոխարէն զՏէր ողորմին,
Լինել մառանդ Ադին դրախտին. ամէն ։

« Par la volonté du Tout-Puissant immortel, qui est la cause de tout être, le saint et vaillant roi 'Ochin, par la force de Dieu, roi des Arméniens, éleva ce château redoutable pour ceux qui s'y réfugieront; le fondateur de ce château, Constantin, issu de race royale, qui gouverne la grande forteresse de Térenkhar, l'a complété par ses efforts en 768 (1320). Que ceux qui s'y réfugieront, ou qui le regarderont avec des yeux corporels, Dieu leur fasse la grâce d'être participants du paradis d'Éden. Amen! »

Cette inscription est une preuve que le château dont elle ne donne pas le nom fut achevé sous le règne de Léon V. On ignore où était situé le château de Térenkhar (*Pierre de médecine*), et à quelle époque l'inscription ci-dessus fut transférée dans l'église arménienne de Tarsous.

5° Inscription en deux lignes au repoussé, sur l'encadrement du portrait de la Vierge, dans l'église arménienne de Tarsous :

Զարծաթապատ սէչանոյ պատկերքս
որդւքամիթք ժողովրդե[ան] . . . . .
՚ի դուռն Տարսոնի սր̄ ա̄ծ ածնի եկեղեցւոյն
՚ի թվին. Ո̄. .

« Ces images, couvertes d'argent, [furent faites] par le mérite du peuple. . . . . pour la porte [de l'église] de Sainte-Vierge, à Tarsous, l'an 600. »

La mosquée de Kiliseh-Djami (église-mosquée) est d'une époque plus récente. Une inscription, que j'ai lue sur une porte intérieure, nous apprend que la construction de ce monument est due au Thakavor Ochin (1307-1320).

Cette église fut convertie en mosquée lors de la conquête musulmane.

Այս դուռն Տեառն է արդարոց
և բնակարան (է) երկնայնոց.
Պահեայ զԱւշին արք(այ) Հայոց
որ քաւիչն է ամենայն գործոց :

« C'est la porte du Seigneur pour les justes et l'habitation céleste : Conserve Ochin, roi des Arméniens, toi qui pardonne les fautes ! »

Une autre mosquée, du nom d'Olou-Djami, est l'œuvre du fils aîné d'El-Rahmadan-Oglou, le premier Turkoman conquérant de la Cilicie, auquel on doit encore la construction de bains publics et de khans édifiés, comme la mosquée, dans le xe siècle de l'hégire.

Il est probable que cette mosquée d'Olou-Djami fut élevée sur les ruines de la grande église de Tarsous que Willebrand décrit dans son itinéraire [1]. En effet, l'Olou-Djami se trouve au centre de la ville, et c'est en cet endroit que le chanoine d'Oldembourg place l'église de Saint-Pierre et de Sainte-Sophie. Au XIIIe siècle, cette église était dans toute sa splendeur : *multum ornata, tota strata marmore.* Ce fut dans son enceinte, au dire du même narrateur, que le roi Léon Ier reçut la couronne des mains de Conrad, archevêque de Mayence et ambassadeur de l'empereur d'Allemagne.

Le château de Tarsous, sur lequel Tancrède planta son drapeau, n'est pas complétement détruit; on voit encore les murailles et les tours de sa double enceinte.

Dans le voisinage de Tarsous, au nord, et sur la rive gauche du Cydnus, sont les restes d'un aqueduc qui amenait dans cette ville les eaux d'une montagne voisine.

A trois heures de Tarsous, dans la montagne et au sud-est, se trouve la grotte dite des *Sept-Dormants*, visitée par Paul Lucas, sous le règne de Louis XIV [2], et dans laquelle, suivant de vieilles

[1] Ap. L. Allat., Σύμμικτα, p. 136, 137.

[2] *Voyage en Grèce et en Asie Mineure*, t. II. L'auteur y raconte fort longuement la légende qui a cours encore aujourd'hui parmi les chrétiens et les musulmans de la Caramanie, qui viennent accomplir, à un certain jour de l'année, un pèlerinage à la grotte des Sept-Dormants.

traditions, qui ne peuvent trouver place ici, sept frères seraient restés endormis pendant plusieurs siècles.

MANAZ. (Saint-Manassès.)

Manaz est un village à cinq heures au nord de Tarsous, dans les montagnes. On y remarque les ruines de deux églises grecques dont la construction annonce une époque de décadence; c'est un mélange hybride d'art byzantin, n'ayant rien emprunté au gothique, et qui pourrait bien dater du VIIIe ou IXe siècle. Il est vraisemblable qu'elles appartenaient à un couvent sous le vocable de *saint Manassès* ou *Minassa*, dont le nom se retrouve altéré dans celui de Manaz. Autour de ces églises sont des débris de sarcophages sans inscription.

NEMROUN. (Lampron.)

Nemroun est le nom moderne de Lampron, patrie de saint Nersès; c'est une résidence d'été ou *Iayla*. Le château, situé sur un rocher, est entouré d'habitations construites de distance en distance. Il a des formes gigantesques, de larges escaliers taillés dans le roc, et des portes d'une grande élévation, ce qui fit croire à Paul Lucas que cette forteresse, ainsi que le disent les légendes turques, avait été construite par des géants [1].

PORTES DE CILICIE. (Kulek-Boghaz.)

Le Boghaz est un défilé entre deux rochers à pic que les anciens considéraient comme les portes de la Cilicie. Les Romains, afin de pratiquer une route sur ce point, y firent de grands travaux sous le règne d'Hadrien, ainsi que l'indique une inscription très-endommagée que j'ai copiée en cet endroit [2], mais dont il reste encore quelques parties.

Un château d'une grande étendue couronne l'une des cimes du Boghaz; il est byzantin, et prouve que les divers peuples qui occupèrent cette partie de l'Asie Mineure attachèrent une égale importance stratégique aux portes de la Cilicie.

Ibrahim-Pacha, dans le but de se rendre maître de la route de Tarsous et d'Adana, fit élever au Kulek-Boghaz des fortifica-

[1] Cf. Paul Lucas, *Voyage en Asie Mineure, loc. cit.*

[2] Cf. *Athenæum français*, 3e année, n° 8. — *Inscr. de la Cilicie*, p. 32, n° 79.

tions qui marquaient la limite des possessions conquises par les armées égyptiennes.

PODANDUS. (Bosanti.)[1].

Bosanti est au nord et à sept heures du Kulek-Boghaz, au milieu des montagnes; on rencontre dans cette direction des caravanes qui vont de Césarée à Tarsous.

Une heure avant d'arriver à Bosanti, on aperçoit, sur le sommet d'une montagne élevée, un vaste château construit en marbre noir et encore bien conservé; l'accès en est difficile, notamment à l'est. A l'ouest, et à quelque distance de cette construction, est un rocher sur lequel on remarque une grande quantité de petites croix que durent y tracer les croisés. Ce château, situé à proximité du khan de Bosanti, étant le seul qui existe dans les environs, doit être le *Podandus* ou *Bodentrou* des historiens des croisades. Le nom actuel Bosanti a, du reste, une grande analogie avec Podandus. A une heure de là est Ak-Koupri (pont Blanc) qui limite les deux pachaliks d'Adana et d'Iconium (Konieh).

MOPSUCRÈNE. (Mezarikolou-Khan.)

Dans la direction du Kulek-Boghaz à Tarsous est le khan de Mézarikolou; c'est en cet endroit que les géographes placent Mopsucrène, où mourut l'empereur Constance II, marchant contre Julien l'Apostat. On ne remarque pas sur ce point de débris d'édifices; mais, sur un assez grand espace, le sol est jonché de fragments de poteries, de briques, et il est vraisemblable que là se trouvait bien Mopsucrène, simple bourgade, qui ne dut sa célébrité qu'à la présence d'un empereur qui y mourut.

En continuant sa marche vers le sud, on arrive à un endroit où la route est creusée dans le roc. Une inscription latine démontre que c'est sous le règne de l'un des Antonins, que cette voie fut pratiquée par les Romains[2].

Plus loin et dans la même direction, cette même voie a une largeur d'environ 3^{m},50; elle est dans un bon état de conservation. En suivant ses traces l'espace d'une demi-heure, on passe sous une porte monumentale élevée sur le haut d'une montagne, près

[1] *Athenæum*, 3e année, n° 8.
[2] *Inscr. de la Cilicie*, p. 31, n° 77.

le village de Beïramlu. Cette porte, de construction romaine, ne porte pas d'inscription; elle est à trois heures et demie de Tarsous et bien conservée.

ADANA.

Adana, chef-lieu du pachalik de ce nom, est une ancienne ville qui portait le nom d'*Hadriana* sous les Romains; on y voit peu de monuments antiques.

Le pont sur lequel on passe le Sarus est de construction romaine; il a été restauré il y a peu d'années.

J'ai trouvé à Adana trois inscriptions grecques, dont l'une, gravée sur une dalle de marbre blanc servant d'autel dans l'église grecque, a été publiée par Paul Lucas, et reproduite ensuite par M. Bœckh [1].

ΟΝΤΩϹϹΗϹΑΡΕΤΗϹΑΥΞΕΝΤΙΕΚΑΙΤΟΔΕΘΑΥΜΑ
ΔΕΙΜΑϹΘΑΙΠΟΤΑΜΟΥΧΕΙΜΕΡΙΟΙϹΙΔΡΟΜΟΙϹ
ΑΡΡΗΚΤΟΝΚΡΗΠΙΔΑϹΙΔΗΡΟΔΕΤΟΙϹΙΘΕΜΕΙΛΟΙϹ
ΩΝΥΠΕΥΡΕΙΗΝΗΞΕΤΑΝΥϹϹΑϹΟΔΟΝ
ΗΝΠΟΛΛΟΙΚΑΙΠΡΟΣΘΕΝΑΠΕΙΡΕΙΗϹΙΝΟΟΚΟ
ΚΥΔΝΑΙΩΝΡΕΙΘΡΩΝΤΕΥΞΑΝΑΦΑΥΡΟΤΕΡΗΝ
ϹΟΙΔΥΠΕΡΑΨΙΔΩΝΑΙΩΝΙΟϹΕΡΡΙΖΩΤΑΙ
ΚΑΙΠΟΤΑΜΟϹΠΛΗΘΩΠΡΗΥΤΕΡΟϹΤΕΙΕΘΕΙ
ΑΥΤΟϹΤΗΝΔΙΓΕΦΥΡΑΝΑΝΑϹΧΟΜΕΝΟϹΤΕΛΕϹΔϹΘ
ΗΓΕΜΟΝΟϹΠΙΘΟΟΤΟΥΔΙΑϹΗΜΟΤΑΟΕ
ΟΦΡΑϹΕΚΑΙΜΕΤΟΠΙϹϹΘΕΝΕΧΟΙΚΛΕΟϹΙϹΟΝΕΚΕΙΝΟΙϹ
ΟΙΝΕΙΛΟΥΠΡΟΧΟΑϹΖΕΥΞΑΝΑΠΕΙΡΕϹΙΟΥϹ

Ὄντως σῆς ἀρετῆς, Αὐξέντιε, καὶ τόδε ϑαῦμα
δείμασθαι ϖοταμοῦ χειμερίοισι δρόμοι[ς]
ἄῤῥηκτον κρηπῖδα σιδηροδέτοισι ϑεμείλοις
ὧν ὕπερ εὐρείην ἐξετάνυσσας ὁδόν,
ἣν ϖολλοὶ καὶ ϖρόσθεν ἀπειρείῃσι νόοιο
Κυδναίων ῥείθρων τεῦξαν ἀφαυροτέρην.
Σοὶ δ' ὑπὲρ ἀψίδων αἰώνιος ἐῤῥίζωται
καὶ ποταμὸς ϖλήθω[ν] ϖρηΰτερος τε[λ]έθει
αὐτὸς τήνδ[ε] γέφυραν ἀνασχόμενος τελέσ[α]σθ[αι]
ἡγεμόνος ϖ[ε]ιθο[ῖ] τοῦ διασημοτάτο[υ],
ὄφρα σε καὶ μετόπισθεν ἔχοι κλέος ἶσον ἐκείνοις,
οἳ Νείλου ϖροχοὰς ζεῦξαν ἀπειρεσίους.

[1] *Corp. inscr. græc.* n° 4440.

« C'est vraiment un miracle de ton génie, Auxentius! d'avoir construit pour une rivière aux flots impétueux un lit indestructible, aux fondements d'airain, par-dessus lesquels tu lui as frayé un large canal que d'autres avant toi avaient rendu, par leur impéritie, le plus chétif des embranchements du Cydnus. Mais enfin le voilà (grâce à toi) établi pour toujours sur des arcades [solides] et devenu la plus paisible des rivières. Tu as eu la constance de terminer toi-même cet aqueduc, par ordre du plus illustre des princes; aussi, dans l'avenir, obtiendras-tu une gloire pareille à celle de ceux qui muselèrent les innombrables bouches du Nil. »

L'aqueduc dont il est fait mention dans cette inscription métrique existait encore à Adana au siècle dernier. Paul Lucas en parle dans son voyage en Asie Mineure. Mais aujourd'hui ce monument a entièrement disparu, et personne n'a même pu m'en indiquer l'emplacement. Il est curieux de voir le nom de Cydnus appliqué ici à la rivière d'Adana, éloignée de huit heures de marche de Tarsous; c'est au surplus ce qui explique la confusion de ces deux fleuves dans l'antiquité et le moyen âge, confusion que le savant voyageur russe M. de Tchihatcheff a fort bien démontrée dans le chapitre VI de sa *Description physique de l'Asie Mineure.*

Adana était, au temps des croisades, une ville fortifiée et bien approvisionnée : *Urbs munita turribus, populis capax, armis referta* [1]. »

Le seul monument qui reste de cette époque est le château byzantin qui défend l'entrée du pont; on y voit encore quelques tours ruinées et les murailles de l'enceinte dans laquelle des habitations ont été construites.

L'une des mosquées, l'Olou-Djami, est l'œuvre du fils de cet Al-Rahmadan-Oglou dont j'ai parlé, et qui établit sa domination en Cilicie, au xve siècle de notre ère; on lui doit beaucoup d'autres édifices qui témoignent de la puissance des conquérants turkomans à cette époque de leur histoire.

SIS.

Cette ville, dont le site répond à celui de l'antique *Flaviopolis* [2], est l'ancienne capitale du royaume d'Arménie au moyen âge; elle fut rebâtie et embellie par Léon II en 1186 [3], et est le siége d'un pa-

[1] Radulf. Cadom. *Histoire de Tancrède*, ch. XLII.

[2] *Itin. d'Antonin* et le *Synecd. d'Hiérocles*; cf. *Itin. anc.* par Fortia d'Urban.

[3] Tchamitch, *Hist. d'Arménie*, t. III, p. 152.

triarche qui prend le titre de *catholicos* de la nation arménienne. C'est à *Roum-kalah* que résidaient les catholicos avant l'an 1294, époque à laquelle cette ville ayant été conquise par les Égyptiens, le siége patriarchal fut transféré à Sis.

De bonnes murailles, aujourd'hui ruinées, entouraient Sis. Un château fort, construit sur le roc à pic qui la domine, est l'œuvre du Thakavor Héthum, ce que démontre un fragment d'inscription arménienne que j'ai lu dans l'intérieur de la grande tour.

Ի *թուականին հայոց......*
......հի այ...... աշխաուհ (?)
......հի հեթմոյ թագ·

« En l'année des Arméniens.....
.... le pays (?)
...... sous le roi Héthum. »

Le palais des Roupéniens était connu sous le nom de *Tarbas;* il n'en reste que quelques débris, le patriarche Gyragos en ayant fait abattre les murailles afin d'en employer les matériaux dans l'édification du nouveau patriarchat, qui date des premières années de ce siècle.

L'ancien patriarchat fut construit en 1734 par le catholicos Lucas. On voit dans la cour les tombeaux des patriarches qui se sont succédé depuis Lucas. Ce sont : Jean, Mikaël et Théodore.

Deux églises, celles de Saint-Serge et de la Vierge, sont de l'époque roupénienne; elles ont été restaurées par les patriarches.

L'église Sainte-Sophie, bâtie par Héthum, près du Tarbas est, sauf deux tours, complétement détruite, et mêle aujourd'hui ses ruines à celles de cet ancien palais.

Le patriarchat fondé par Gyragos conserve dans le trésor de son église, et renfermées dans une châsse d'argent, les dextres de saint Grégoire l'Illuminateur, du pape saint Sylvestre, de saint Nicolas, évêque de Smyrne et la main de l'ermite Barsame.

La bibliothèque ne contient que des manuscrits modernes dont j'ai fait le catalogue, ce qui me fait supposer que les anciens ont été détruits, perdus ou, peut-être vendus pour satisfaire aux exigences des beys turkomans de la tribu de Kussan-Oglou, qui rançonnent annuellement le monastère situé aux confins du Taurus.

ANAZARBE. (Aïnvarza.)

Anazarbe, patrie de Dioscoride, est située à une demi-journée de marche de Sis, au sud. Cette ville avait une grande importance sous la domination romaine, et devint la capitale de la deuxième Cilicie sous Théodose II. Justin la rebâtit après un tremblement de terre et changea son nom en celui de *Justinopolis*, qu'on trouve dans les *Annales ecclésiastiques.*

Le monument le plus remarquable d'Anazarbe est un arc de triomphe composé d'une grande arcade et de deux portes latérales ayant en retour deux autres portes formées par un simple mur. Les colonnes de granit sont tombées au pied de l'édifice. L'entablement forme l'archivolte du grand arc, contrairement aux règles généralement observées dans les constructions identiques de l'antiquité. Les chapiteaux sont corinthiens et assez bien travaillés.

On aperçoit encore à Anazarbe les traces d'un théâtre dont les gradins ont été creusés dans le flanc du rocher.

Le stade est assez bien indiqué par le roc qui forme une portion du cercle, et l'épine est apparente sur toute sa longueur.

La montagne ou plutôt le rocher qui domine les ruines de la ville, du cirque et du théâtre, est garni de sarcophages taillés dans le roc, et dont quelques-uns portent des inscriptions.

Au centre de la cité antique est une église ruinée du XIIe siècle.

Deux aqueducs partant des montagnes du Taurus, aboutissaient à la cité, près des murailles de laquelle on voit encore trente-deux arches de ces gigantesques monuments, qui avaient plus de 12 kilomètres de longueur.

Une double enceinte flanquée de bastions défendait la ville à l'ouest, et était appuyée à une montagne isolée dans la plaine.

Un château arménien couronnait le rocher qui dominait Anazarbe, située à sa base. On voit dans son enceinte des églises, des casernes, des magasins et autres constructions. Sur l'une des églises sont tracés les noms des princes d'Arménie de la maison de Roupène, écrits en caractères arméniens enchevêtrés, hauts de 21 centimètres; malheureusement cette église tend à sa ruine, et la dégradation de quelques-unes des pierres a causé des lacunes dans l'inscription qui forme ce canon royal. Au-dessus de la porte sud, on lit le mot Εὐλόγεος. — Voici ce que j'ai pu tirer de cette inscription :

(Côté ouest, vers la fin de la ligne.)

1 ✝ Յշատակէսա ✝ չեկա

(Côté sud.)

2 *Մի ամենասուրբ Երրորդութ(եան)... ադդեն Թէոդորոս զորտոս որդի կոս(տանդնի) որդ(ոյ) ռուբէն(ի)... ա... իշխի զեկ(եղ)եցիս..... զիէ..... իհ..... զա..... աց..... ոյ... կեան·*

(Côté est.)

3 *փրկութեան որդոց իմոց և յիշատ(ակ) ծնողաց իմոց և ի կեցութիւն որբոց... (բարե)խաւս ութեամբ... թ*

(Côté nord.)

4 *...եաւ...եսիրնք...քզոէ...իշփր...ա.........աստազաղ*

(Côté ouest, commencement de la ligne.)

5 *յիշատակ է սա աւշին որբի Թորոս որդի կոստանդին ար յարժանա որ յաղաւթս ձեր ի քրիստոս յիսուս տէր մեր· ամէն :*

1re ligne. — « Ceci est une mémoire.........
2e ligne. — La très-sainte Trinité; Théodore, fils de Constantin, fils de Roupène.......
3e ligne. — Pour le salut de mes enfants; pour la mémoire de mes parents et pour la vie de mes enfants..... par l'intercession.....
4e ligne. — ....
5e ligne. — Ceci est une mémoire d'Ochin, fils de Théodore, fils de Constantin; ...... dans vos dignes prières en Jésus-Christ, Notre-Seigneur. Amen ! »

Cette inscription très-intéressante est malheureusement mutilée. Cependant, par les fragments qui restent encore et qu'on peut expliquer, on voit qu'elle relate la généalogie des premiers Ichrans d'Arménie.

2e ligne. — Théodore, fils de Constantin, fils de Roupène.......

Théodore ou Thoros fut le troisième successeur de Roupène, qui, à la mort de Kakig II, dernier roi Pacradouni, fonda en Cilicie une principauté arménienne, qu'il gouverna de 1080 à 1095. Son fils, Constantin Ier, lui succéda, et mourut en 1099.

époque à laquelle Thoros Ier hérita de la principauté, qu'il gouverna jusque vers 1123.

5e ligne. — Ochin, fils de Théodore, fils de Constantin, etc.

Cet Ochin était sans doute un frère de Léon Ier, qui succéda à son père Thoros Ier dont nous venons de parler.

Il est probable que les princes de la petite Arménie qui possédèrent Anazarbe, dès l'origine de la conquête, furent inhumés dans la chapelle du château fort situé sur le rocher à pic qui domine la ville; car les princes successeurs immédiats de Roupène Ier, qui sont mentionnés dans cette inscription, n'avaient pas encore de capitale. Sis ne fut érigée en capitale que sous le Thakavor Léon II, roi de la petite Arménie, qui l'embellit et la fortifia. Tarse leur était sans cesse disputée par les Grecs; or il est probable qu'ils avoient choisi pour lieu de leur sépulture le château d'Anazarbe, qui était une des citadelles les mieux fortifiées du pays, dans une belle situation entre le Taurus et la plaine, et pouvant résister aux attaques incessantes des musulmans, puisque ce ne fut que sous Léon VI de Lusignan, le dernier roi du pays, que la ville et le château d'Anazarbe furent enlevés aux Arméniens par les Égyptiens. L'un des Thakavors d'Arménie fit sans doute graver cette inscription qu'on pourrait appeler un *canon royal*, et restaurer l'église, qu'il orna de peintures à fresque dont on voit encore quelques traces sur la muraille intérieure, pour honorer la mémoire de ses ancêtres, premiers conquérants du pays. J'ai visité l'intérieur de ce petit édifice, et j'ai vu qu'il existait autrefois un caveau aujourd'hui comblé, car les dalles qui le couvraient ont été enlevées pour en faciliter l'entrée. Les Égyptiens qui prirent Anazarbe violèrent cette sépulture princière et bouleversèrent les tombes des premiers Roupéniens, pour chercher des trésors qu'ils croyaient avoir été cachés avec les morts. Aujourd'hui la toiture de l'église s'est écroulée et a entraîné dans sa chute des parties de l'inscription que je viens de publier. Cet affaissement de la toiture a eu lieu depuis peu de temps. Lorsque le Père Indjidji écrivait sa géographie (Ven. 1806, in-8°; en arm.), il semblait dire que cette inscription était en bon état, et qu'on y lisait les noms de plusieurs princes armeniens.

On voit encore une autre inscription arménienne dans un encadrement, sur le côté sud de la grande tour du château arménien d'Anazarbe.

✝ Յամի ՈԼԶ Երրորդի Թվականիս Հայոց. . . . .
մի . . . .
. . . . ռուբէն . . . լեւոնի որդին . . . .
. . . . նորա եղբայրն բարեպաշտն ունիր. . . . .
(տոր) ու լերամբ եւ և ազատ բնակութեամբն . . . .
. . . . ըկրաւոր տէրութ . . . . . սկսեալ աւշինէ սկ . . . .
. . . . . . յբ քաղաքաց անավարզա ձենքիայ խատա . . . .
. . . . աքղապարս . . . . աշխարհիս . . . .
. . . . . (շ)ինեաց զպարիսպս . . . . հաստատեաց տար . . . . . .
. . . .

L'an 636 de l'ère arménienne. . . . .
. . . .
Roupène, fils de Léon. . . . .
son frère, le pieux, avait. . . . .
près le mont Taurus, son noble séjour. . . . .
terrestre pouvoir. . . commencé par Ochin. . .
des places d'Anazarbe, Djenkia, Hada. . . . . . .
. . . . . de ce pays. . . . .
il a bâti ce mur. . . . . il a établi. . . . .
. . . .

L'an 636 correspond à l'année 1188 de l'ère chrétienne.

Roupène II, fils de Léon Ier qui est cité à la troisième ligne de cette inscription, fut prince d'Arménie de l'an 1174 à l'an 1181, Il avait succédé à son père Mlek, et mourut dans un monastère. Ce fut le dernier ichran de la Cilicie, car après lui la principauté fut érigée en royaume sous Léon II.

Il est probable que le prince Ochin, dont le nom est mentionné à la sixième ligne de l'inscription, est celui qui, après avoir abandonné en 1072 la province d'Artsakh, vint s'établir en Cilicie et posséda depuis la forteresse de Lampron, à deux journées au nord-ouest de Tarse.

On lit trois noms de villes ou de forteresses à la septième ligne; ce sont d'abord Anazarbe, puis Djenkia, localité sur laquelle je n'ai aucun renseignement. Vient ensuite un nom de lieu, malheureusement incomplet, et qu'on lit Hada. . . Je suppose qu'il était question de la ville d'Adana ou bien d'Adamodana, château fort près d'Anazarbe et qui fut donné par le thakavor Léon II aux hospitaliers. Willebrand, qui mentionne ce château dans son itinéraire[1], dit qu'il était situé à deux milles d'Anazarbe.

ROUTE D'ANAZARBE À MOPSUESTE.

Tumlo-Kalah et *Ilan-Kalah* (Scheïk-Méran) sont des châteaux arméniens construits sur des hauteurs entre Anazarbe et Mopsueste; aucune inscription ne s'y remarque; ils servent de refuge à des bandes armées qui, du sommet des tours, découvrent la plaine et suivent la marche des voyageurs, qu'ils attaquent pour les piller. Ces deux forteresses sont les châteaux d'Adamodana et de Canamella dont Willebrand[2] indique la position dans son itinéraire.

Avant d'arriver à Mopsueste on suit pendant quelque temps une route romaine bordée des deux côtés par des caveaux couverts d'énormes pierres; c'était la nécropole de Mopsueste, la *Missis* actuelle. En visitant cette nécropole, je trouvai au bord du chemin, sur une borne milliaire, l'inscription suivante :

IMPCAESDIVI[SEPTIMISEVER]IPII
NEPOTEDIVIANTONINIMA[GNI
PIIFILIOMARCOAVRELIOSEVER[O
ALEXANDROPIOFELICIAVGPON
TIFICEMAXIMOTPIBVNICIAEPOT[E
STATISIIPROCONS.P.P.VIAM
PO[N]TESAPVĪĪVSQVEA[DA
DRIANAXINPIDROMI......
XXXXIIII

MOPSUESTE. (Missis.)

Suivant les géographes turcs, Missis, qui n'est effectivement qu'une chétive et misérable bourgade, serait une ville importante. Elle est bâtie sur une colline dont la base est baignée par le Pyrame (Djihan-Tschai) et peuplée d'environ cent cinquante familles, tant arméniennes que musulmanes.

On voit à Missis les restes d'un château. Un pont jeté sur le Pyrame est menacé d'écroulement; à en juger par les décombres qui bordent cette rivière, Missis a dû posséder de beaux édifices;

[1] Leonis Allatii Σύμμικτα; cf. *Itiner.* de Willebrand d'Oldembg, p. 140.
[2] Ap. Leo. Allat. Σύμμικτα, p. 136.

mais il n'en reste que des vestiges et quelques fragments de mosaïques.

Voici le texte des principales inscriptions que j'ai trouvées à Missis.

Inscription sur une pierre, dans le champ des morts des Arméniens[1].

ΜΟΥCΕΟCΕΜΠΑCΙΠΡΟΝΗΜΦ......
ΥΠΟΤΡΥΦΩΝΟCΤΟΥΑΔ[ΕΛ]ΦΟΥΠΙΟ...
ΤΕΥCΑCΑΥΤΩΤΗΝΠΡΑCΙΝΤΩΝΓΕΩΡ
ΓΙΩΝΠΑΝΤΩΝΕΙΚΟCΑΕΤΙΑC...
ΔΕΠΟΤΕΔΟΓΙCΤΟΥCΑCΑΥΤΟΝΚΑΙΑ
...ΙΘΕΙCΥΠΟΑΥΤΟΥΚΑΤΑΠΑΝΤΑΚΑ
ΜΝΔΥΝΑΜΕΝΟCΑΓΙΝΠΡΟCΑΥΤΟΝ
ΤΟΠΡΑΓΜΑΛΕΙΠΟΜΕΝΟCΚΑΙΤΗΕΦΗΜ...
ΩΤΡΟΦΗΚΑΙΠΑΡΑΒΙΑΤΑΚΥΤΕΡΟΝΤΕΛΕΙ..
ΩΝΤΟΝΒΙΟΝΕΠΙΚΑΛΟΥΜΑΙΚΑΤΑΤΡΥΦΩ
ΝΟCΤΟΥΑΔΕΛΦΟΥΜΟΥΚΑΙΤΩΝΤΕΚΝΩΝ
ΑΥΤΟΥΤΟ...ΕΝΟΥ...ΝΙΟΥCΘΕΟΥCΚΑ..
ΤΟΥCΚΑΤΑΧΘΟΝΗΟΥCΚΑΙΠΑCΑΝΑ
ΡΑΝΚΑΙΑΥΙ..CΑΧΟΛ·ΩΘΗΝΑΙΑΥΤΟΙC
ΕΝΟΛΩΤΩΒΙΩΑΥΤΟΝΚΑΙΤΑ[Π]ΕΡΑΜΗ
ΕΞΟΝΑΥΤΩΠΟΙΗCΑΙΚΑΤΑΜΗΔΕΝΑ
ΤΡΟΠΟΝΜΗΔΕΟCΤΟΥΝΜΟΥCΑΛΕΥCΑΙ
ΕΚΤΟΥΜΝΗΜΑΔΙΟΥΙCΤΟΝΑΙΩΝΑΗΤΡΥ
ΦΩΝΑΗΑΛΔΟΝΤΙΝΑΜΗΔΕΕΞΑΦΑΝΙΚΑ
ΤΙΤΩΝΕΝΤΩΜΝΗΜΕΙΩΜΗΔΕΖΟΠΑΡΑΚΕΙ
ΜΕΝΟΝΜΟΙΕΜΒΟΛΑΔΙΝΟΡΥΞΑΙΤΙΝΑΜΕ
ΝΕΙΝΔΕΕΜΟΙΑΚΕΡΕΟΝΕΤΟΚΟΥΤΟCCΟΘΕΙ
ΤΩΝΕΥΗΚΕΙΜΕΝΩΝΑΙΘΩΝΕΚΤΟCΕΙΜΗ
CΑΝΜΑΓΝΑΜΟΝΗΘΕΑΓΙCΗΗCΥΗCΚ..ΟC..
ΜΟΥΗΝΚΑΙΕΑΝΤΙCΑΔΙΚΗCΗΗΕΜΕΤΙC. .
ΜΑΨΕΑΔΙΚΩCΚΕΧ.....ΛΩΜΕΝΟΙΑΥΤ....
ΖΕΝΟΙΝΤΟΟΙΑΥΤΙΟC.................
....
....

Inscription sur un marbre noir; aujourd'hui au musée impérial du Louvre.

[1] Cette inscription, qui devait être transportée en France, est tombée dans le Pyrame en traversant ce fleuve. — Cf. *Inscr. de la Cilicie*, n° 9, pag. 4 et suiv.

ΦΙΛΟΚΛΗΣΦΙΛΟΚΛΕΟΥ..
ΙΣΚΟΛΑΟΥΑΡΧΙΤΕΚΤΟ...
ΗΛΙΩΙΚΑΙΤΩΙΔΗ....

Φιλοκλῆς Φιλοκλέου[ς || Ἰσκολάου ἀρχιτέκτο[νος || Ἡλίῳ καὶ τῷ δή[μῳ

« Philoclès, fils de Philoclès Iscolaüs, architecte, au Soleil et au dème... »

Inscription dans le champ des morts des Arméniens; aujourd'hui au musée impérial du Louvre.

[ΑΥΤΟΚΡΑΤΟΡΑΚΑΙΣΑΡΑ
ΘЄΟΥΑΔΡΙΑΝΟΥΥΙΟΝΘЄΟΥ]
Τ]ΡΑΙΑΝΟΥΠΑΡΘΙΚΟΥΥΙѠΝΟΝ
Θ[Є]ΟΥΝЄΡΟΥΑЄΚΓΟΝΟΝΤΙΤΟΝ
ΑΙΛΙΟΝΑΔΡΙΑΝΟΝΑΝΤѠΝЄΙΝΟΝ
ΣΕΒΑΣΤΟΝЄΥΣЄΒΗΠΑΤЄΡΑ
ΠΑΤΡΙΔΟΣΟΔΗΜΟΣ
ΑΔΡΙΑΝѠΝΜΟΨЄΑΤѠΝΤΗΣ
ΙЄΡΑΣΚΑΙЄΛЄΥΘЄΡΑΣΚΑΙΑΣΥ
ΛΟΥΚΑΙΑΥΤΟΝΟΜΟΥΦΙΛΗΣ
ΚΑΙΣΥΜΜΑΧΟΥΡѠΜΑΙѠΝ

Αὐτοκράτορα Καίσαρα || Θεοῦ Ἀδριανοῦ υἱὸν Θεοῦ || Τραϊανοῦ παρθικοῦ υἱῶνον || Θεοῦ Νερούα ἔκγονον Τῖτον || Αἴλιον Ἀδριανὸν Ἀντωνεῖνον, || σεβασ7όν, εὐσεβῆ, πατέρα || πατρίδος, ὁ δῆμος || Ἀδριανῶν Μοψεάτων τῆς || ἱερᾶς καὶ ἐλευθέρας καὶ ἀσύ || λου καὶ αὐτονόμου, φίλης || καὶ συμμάχου Ῥωμαίων.

« Cette statue de l'empereur César, fils du dieu Hadrien, petit-fils du dieu Trajan le Parthique, arrière petit-fils du dieu Nerva, Titus Ælius Hadrien, Antonin, auguste, pieux, père de la patrie, a été élevée par le peuple d'Hadriana Mopsuestia, sainte, libre, inviolable, autonome, amie et alliée du peuple romain. »

Une inscription presque semblable, publiée par Grüter, prouve qu'un monument identique avait été consacré à Rome par les habitants de Mopsueste, pour perpétuer le souvenir de la reconnaissance de la cité au prince qui avait respecté ses anciennes prérogatives.

Inscription sur un autel funéraire au bas de trois bustes; aujourd'hui au musée impérial du Louvre [1].

[1] Ces trois pierres épigraphiques ainsi que l'inscription du piédestal de la statue d'Hermocrate, à Mallus, ont été envoyées de Cilicie à M. le Ministre de

ΑϹΚΛΗΠΙΑΔΗΣΕΡΜΟΓ
ΕΝΟΥΑΜΥΝΤΙΑΝΩΤΩ
ΥΙΩΜΝΗΜΗϹΧΑΡΙΝ

Ἀσκληπίαδης Ἑρμογ || ένου[ς] Ἀμυντιανῷ τῷ || υἱῷ μνήμης χάριν.

« Asclépiade, fils d'Hermogène, à la mémoire d'Amyntien son fils. »

KOURD-KALAH.

Kourd-Kalah (château du Loup), situé à huit heures au sud-est de Missis, dans la direction de la Syrie, est le plus beau comme le plus vaste des édifices élevés par le fils d'El-Rahmadan-Oglou. C'est un khan, ou caravansérail qui date du milieu du XVIe siècle, servant d'étape et d'asile aux caravanes, notamment à celles des Indes qui, de Bagdad et Alep, entraient en Cilicie pour se rendre ensuite à Constantinople. Le fils d'El-Rahmadan-Oglou le fit construire afin d'abriter et de sauvegarder les voyageurs qu'attaquaient des bandes armées qui se réunissaient dans les environs du Kourd-Kalah. Il l'entoura d'un mur de dix mètres de hauteur et de trois mille mètres de circonférence, l'orna d'une belle mosquée construite en pierres de taille comme le monument principal, où trouvaient place plus de deux mille voyageurs et leurs bêtes de somme.

Un autre khan que fit construire El-Rahmadan au passage de Baïas, sur le même plan et dans le même but, n'est ni aussi vaste ni aussi bien fortifié.

Aujourd'hui Kourd-Kalah tombe en ruines, et n'est habité que par quelques familles de malheureux Turkomans, qui s'y sont réfugiés pour éviter les poursuites des agents de la Porte chargés du recouvrement des impôts.

Ces beaux et utiles établissements, complétement abandonnés par les autorités musulmanes, ne présenteront bientôt que des décombres.

ÆGÉE. (Aïas.)

Aïas est le nom arménien et moderne de l'ancienne Ægée. Elle est située à l'est du Pyrame, sur les bords de la mer et presque

l'Instruction publique, par M. V. Langlois. A la demande de M. le Directeur des musées impériaux, S. E. a bien voulu faire don de ces monuments au musée des Antiques du Louvre. (Note de la rédaction des *Archives*.)

en face du Râs-el-Kansir, promontoire avancé au nord de la Syrie La mer, en cet endroit resserrée entre deux terres, portait dans l'antiquité le nom de golfe d'Issus; au moyen âge, elle prit celui de mer d'Arménie; enfin, de nos jours on l'appelle golfe d'Alexandrette.

Aïas, par sa position géographique, avait une grande importance dans l'antiquité et au moyen âge. La ville ancienne, située plus à l'ouest, était l'avant-poste de la Cilicie. Les nombreux vestiges de constructions en briques qui se voient encore sur les bords du ruisseau appelé l'Aïas-Tschaï, attestent sa grandeur passée.

Au moyen âge, et sous la domination arménienne, Aïas était l'entrepôt général du commerce de la Cilicie, et le port le plus fréquenté des côtes méridionales de l'Asie Mineure.

C'était à Aïas (Lajasso) que les navires génois et vénitiens venaient apporter les marchandises de l'Occident, pour les échanger contre les produits des plaines de Tarsous et de la montagne du Taurus [1].

C'est aussi dans cette ville que se trouvait une douane, succursale de celle de Tarsous.

Le commerce qui se faisait à Aïas n'était pas la seule ressource des Arméniens et des Grecs de la Cilicie : pendant tout le moyen âge, les Ciliciens s'étaient adonnés au commerce de caravanes et d'entrepôts; et Nicétas [2] va même jusqu'à dire que la piraterie était encore exercée dans ce pays au XIIIe siècle.

Un château bâti sur le bord de la mer, et que restaura le sultan Soliman, prouve que, pendant la période des invasions musulmanes, Aïas était un point militaire qui assurait la possession d'une partie de la côte et de la plaine, jusqu'aux portes Amanides.

C'est dans l'intérieur de ce château que se trouve l'Aïas moderne réduite à quinze cabanes couvertes en chaume, et dont la population n'atteint pas le chiffre de cinquante personnes.

Une petite tour construite dans la mer était le fort avancé qui défendait la ville [3].

Par suite de recherches que j'ai faites à Aïas, je suis parvenu

[1] Sur le commerce de l'Arménie au moyen âge, voyez les privilèges accordés par les Thakavors aux Génois, aux Vénitiens et aux sultans mamelouks.

[2] *De Man. Comn.*, liv. III, ch. III.

[3] *Laïacium habet portum et siccam unam ante se, quæ scolium dici potest.* . . . . (Sanut. *Secr. fid. Crucis*, liv. II, part. IV, ch. XXVI, p. 89.)

à découvrir deux inscriptions détériorées; l'une est enchâssée dans les murailles du château dont je viens de parler, la seconde se trouvait au milieu des décombres amoncelés sur les bords de la mer [1].

A l'ouest du château d'Aïas est une autre petite tour octogonale construite par le sultan Soliman II, fils de Sélim Ier, vers le milieu du XVIe siècle; les pierres dont se compose cet édifice sont, les unes blanches, les autres calcinées par le feu; leur agencement fait ressembler cette bizarre construction à un damier. Sur la partie située au nord, on lit au-dessus de la porte une inscription arabe dont voici la traduction :

« Ce château a été construit par le victorieux sultan Soliman, fils du sultan Sélim-Khan, l'année...... trente.......... »

TERKI-CHEN.

Terki-Chen est un mot évidemment dérivé de *terki-cheyr* (ville abandonnée); c'est le nom donné à l'endroit où l'on traverse le Pyrame sur un bac. Sur la rive droite du fleuve et sur une assez grande étendue de terrain, on voit des débris de poteries et de briques qui révèlent l'emplacement d'une ville antique. Je suppose que cette ville devait s'appeler Séleucie du Pyrame; le docteur Orta d'Adana a trouvé en cet endroit une médaille inédite portant le nom de cette ville dont l'histoire n'a jamais, que je sache, signalé l'existence [2].

MALLUS. (Karadasch-Burun.)

Les ruines de Mallus gisent éparses sur les deux derniers mamelons d'une petite chaîne de montagnes isolées qui aboutissent à la mer, à l'endroit appelé Karadasch-Burun. On y voit de grands souterrains en partie comblés, et les restes de bains antiques. Les inscriptions que j'ai trouvées à Mallus sont importantes; deux d'entre elles prouvent que Mallus porta le nom d'Antioche sous les Séleucides [3].

[1] Cf. *Inscr. de la Cilicie*, p. 1, n°s 1 *et seq.*

[2] *Revue numismatique*, 1854; cf. médailles de la Cilicie, v° *Seleucia ad Pyramum*, pp. 28-29.

[3] Étienne de Byz., v° *Ἀντιόχεια*, dit : *Ἕκτη Κιλικίας ἐπὶ τοῦ Πυράμου*. — *Stadiasm. maris*, dans le recueil des itin. anc. — Mionnet, méd. grecq., t. III, v° *Antiochia ad mare*.

Inscription sur le piédestal de la statue d'Hermocrate. — Bloc de marbre noir rapporté de Cilicie et conservé aujourd'hui au musée impérial du Louvre.

ΟΔΗΜΟΣΟΑΝΤΙΟΧΕΩΝΕΡΜΟΚΡΑΤΗΝ
ΔΗΜΕΟΥΚΟΙΝΟΝΕΥΕΡΓΕΤΗΝΓΕΓΕΝΗΜΕΝΟΝ
ΠΕΠΡΕΣΒΕΥΚΟΤΑΔΕΚΑΙΥΠΕΡΤΗΣΠΑΤΡΙΔΟΣ
ΕΓΚΑΙΡΟΙΣΑΝΑΓΚΑΙΟΙΣΠΛΕΙΣΤΑΣΚΑΙΜΕΓΙΣΤΑΣ
ΠΡΕΣΒΕΙΑΣΚΑΙΤΑΣΚΑΛΛΙΣΤΑΣΚΑΙΕΠΙΦΑΝΕΙΣ
ΑΠΟΔΕΙΞΕΙΣΠΕΠΟΗΜΕΝΟΝΤΗΙΠΟΛΕΙΤΗΣ
ΕΑΥΤΟΥΑΡΕΤΗΣΚΑΙΚΑΛΟΚΑΓΑΘΙΑΣΚΑΙΤΗΣ
ΕΙΣΤΑΠΡΑΓΜΑΤΑΕΥΝΟΙΑΣ

Ὁ δῆμος ὁ Ἀντιοχέων Ἑρμοκράτην || Δημέου κοινὸν εὐεργέτην γεγενημένον || πεπρεσβευκότας δὲ καὶ ὑπὲρ τῆς πατρίδος || ἐγκαιροῖς ἀναγκαίοις πλείστας καὶ μεγίστας || πρεσβείας καὶ τὰς καλλίστας καὶ ἐπιφανεῖς || ἀποδείξεις πεποιημένον τῇ πόλει τῆς || ἑαυτοῦ ἀρετῆς καὶ καλοκαγαθίας καὶ τῆς || εἰς τὰ πράγματα εὐνοίας.

« Le peuple d'Antioche à Hermocrate, fils de Déméas; bienfaiteur commun, ayant rempli pour sa patrie, dans des temps difficiles, plusieurs missions importantes, et ayant donné les preuves les plus belles et les plus éclatantes de sa vertu, de sa valeur et de son dévouement au bien public. »

Inscription sur l'un des côtés du piédestal de la statue d'Amphiloque. — Bloc de marbre noir semblable au précédent.

ΑΝΤΙΟΧΕΩΝΟΔΗΜΟΣ
ΑΜΦΙΛΟΧΟΝΘΕΙΣΩΝΟΣ
ΝΙΚΗΣΑΝΤΑΟΛΥΜΠ[Ι]Α
ΑΝΔΕΑΣΔΟ.....

Ἀντιοχέων ὁ Δῆμος || Ἀμφίλοχον Θείσωνος (*sic*) || *νικήσαντα Ὀλύμπια || ἀνδ[ρ]ε[ί]ας δό[ντα* (?)......

« Le peuple d'Antioche à Amphiloque, fils de Théison, vainqueur aux jeux Olympiques [1], ayant donné [des preuves] de valeur? »

Inscription sur le côté opposé du même bloc de marbre.

ΤΡΥΦΩΝΑΣΩΣΤΡΑΤΟΥ
ΤΟΝΔΗΜΙΟΥΡΓΟΝ
[ΜΝ]ΕΜΗΣΧΑΡΙΝ

Τρύφωνα Σωστράτου || τὸν δημιουργὸν || μνήμης χάριν.

« A la mémoire de Tryphon, fils de Sostrate, démiurge. »

[1] Des jeux Olympiques se célébraient dans les villes de Tarse et d'Anazarbe.

La ville du moyen âge, située sur le dernier mamelon dont la base est baignée par la mer, a laissé bien peu de vestiges; on voit cependant en cet endroit deux chapelles arméniennes et un château en partie écroulé[1]. La porte principale de cet édifice est surmontée de deux lions, emblème du royaume de la petite Arménie. Il est probable que le château de Mallus (*Mallo*) est le même que celui dont parle Willebrand dans son itinéraire[2], et qui appartenait aux Hospitaliers.

MÉGARSE.

En quittant les ruines de Mallus pour retourner à Tarsous, je voulus m'assurer s'il restait quelque chose de Mégarse, et me dirigeai sur l'emplacement que devait occuper cette antique cité.

Les parages où les historiens placent Mégarse sont aujourd'hui déserts et ne m'offrirent qu'un sol marécageux d'une grande étendue[3] que parcourent des buffles sauvages.

Les tombeaux de Mopsus et d'Amphiloque, en admettant qu'ils aient été élevés dans les environs de Mégarse, comme le dit Strabon, n'ont pas laissé plus de traces que cette ville; et à voir cette contrée envahie par des eaux stagnantes et fangeuses qui l'ont rendue impraticable, on serait porté à croire que ces monuments, comme les héros auxquels ils étaient destinés, sont de ces créations fabuleuses que perpétuent de fausses traditions si communes en Orient.

Ici se terminent, Monsieur le Ministre, l'énumération et la description sommaire des monuments antiques que j'ai pu visiter dans le cours de mes excursions sur divers points de la Cilicie.

Cette contrée si pittoresque, où s'élevaient de nombreuses et belles cités, ornées de magnifiques monuments, œuvres des peuples anciens qui tour à tour l'ont conquise pour l'embellir encore et ajouter à sa splendeur, ne présente que ruines sous la domination de ses derniers conquérants.

Ses édifices portent encore les traces des dégradations que, lors

[1] *A Malo autem, quod est quoddam castrum...* (Sanut. liv. II, p. 4, ch. XXVI, p. 89.)

[2] *Ab hinc (Ministre) transeuntes Cumbetefort, ubi domus est et mansio bona Hospitalis Alemannorum.* (In L. Allatii Σύμμικτα.)

[3] La plaine *Aléione*, aujourd'hui appelée *Tchukur ova* (plaines basses).

de leurs invasions, leur ont fait subir les musulmans, et partout ils présentent l'image d'une complète destruction lentement accomplie par le temps.

Le sol de la Cilicie, autrefois fertile, est en partie inculte et envahi par de hautes herbes, des ronces ou des broussailles qui ont effacé jusqu'aux traces des routes que parcouraient les phalanges grecques et les légions romaines, et couvrent, en hâtant leur dissolution, les restes mutilés de ses édifices.

Des nombreuses et actives populations de la petite Arménie, il reste à peine cent cinquante mille habitants, d'origine et de croyances diverses, la plupart nomades, indépendants, sans homogénéité, sans frein, et décimés chaque année par les émanations de marais qui se sont formés là où jadis se recueillaient de riches moissons; populations dont l'aspect misérable inspire, comme les débris de leur grandeur effacée, un sentiment d'autant plus pénible que, dans cet admirable pays, se trouvent tous les principes qui constituent la force, la richesse et le bonheur des peuples.

Je suis, etc

VICTOR LANGLOIS.

IMPRIMERIE IMPÉRIALE. — Août 1854.

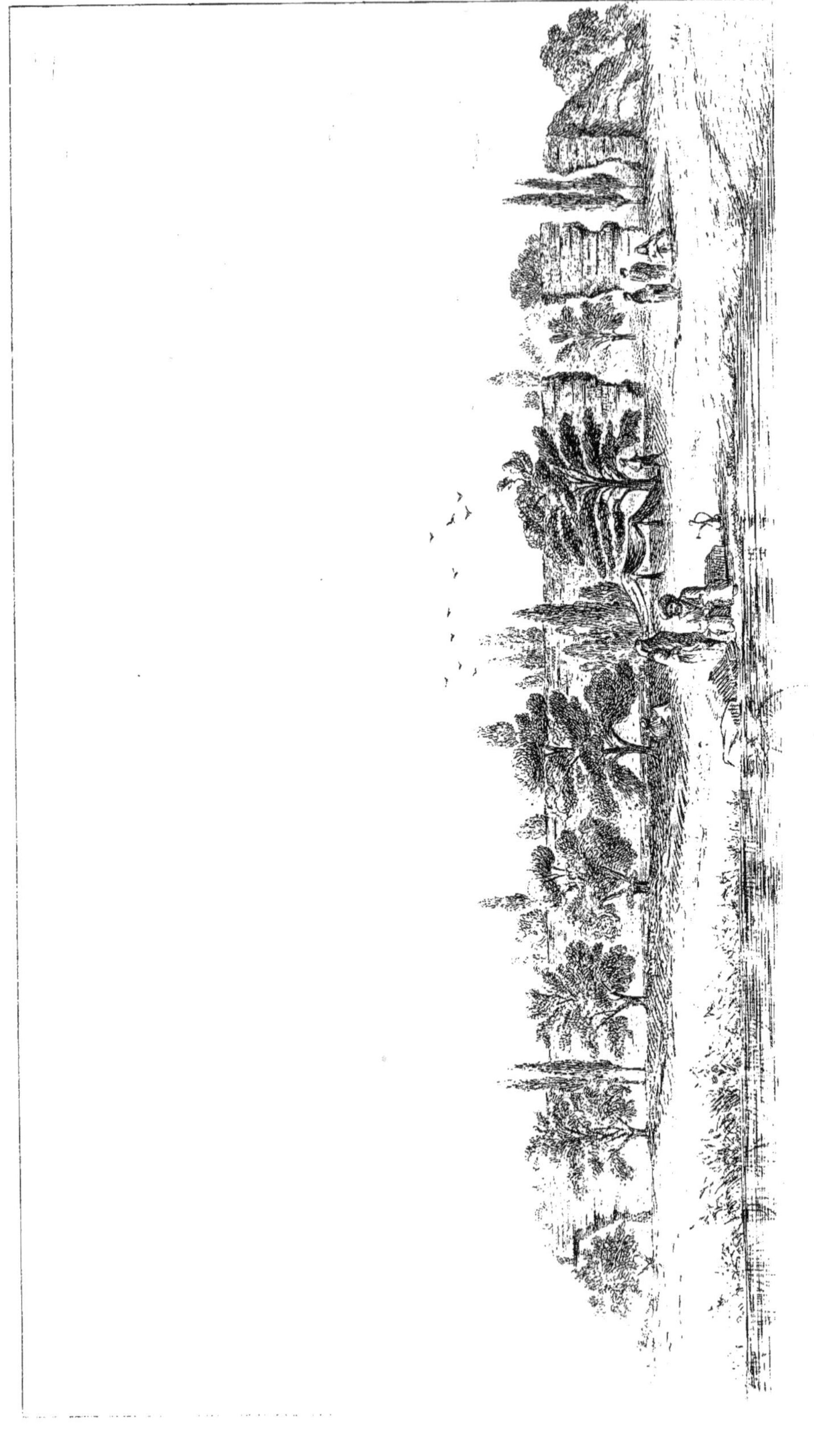

www.ingramcontent.com/pod-product-compliance
Lightning Source LLC
LaVergne TN
LVHW050433160826
845677LV00002BA/694